JN124862

食の世界を生きる

食の人類学への招待

河合利光 編著

時 潮 社

執筆分担

河合利光	第1章、第3章1節
石川　登	第2章1節
宇田川妙子	第3章3節
河合洋尚	第4章2節
比嘉理麻	第2章2節
櫻田涼子	第3章2節
吉田　睦	第4章1節

（注）

＊「コラム」と「読書ノート」の担当者名は、各担当蘭に記載

＊各章の写真説明について
各章の扉ページの写真は、撮影者が明記してあるものを除き、編者が撮影したものである。また、本文中の掲載写真は、執筆担当者自身の担当する章節では撮影者名を省略した。なお、撮影年月日記載の有無は各執筆者の判断による。

まえがき

言うまでもなく、食は多くの分野にまたがるテーマである。実際、食文化研究は、今ではフードスタディーズ（本書では「食研究」とも記す）と呼ばれる総合分野を形成しつつある。政治経済、日常生活、医療、教育から自然環境まで、食はあらゆる領域を横断する複合的・総合的なテーマである。しかし食文化論は、物質文化としての食品・調理具・料理あるいはグルメや食事のマナーなど、物質文化としての食べ物と食事の慣習がイメージされる傾向がある。むろん「食べ物」をめぐる研究は、今でも中心的テーマではあるが、そのより深い理解のためにも食の総合的理解が必要である。

人間は、変化する自然と社会文化のなかに生まれ育ち、適応しながら生（ライフ）と生命活動（生活）を営む。本書は、世界のその多様な食環境（生活世界）に生きる人々の文化を、人類的視座から系統的に学びたい人のための入門書として編集された。そのため、執筆者各自がフィールドで得た食と生に係る具体的な資料を、適宜活用するよう配慮した。また、各章にコラムや読書ノートが置かれている。

本書は、以下の４章から構成される。

まず、第１章では、文化人類学の基本的立場・方法・学説史を中心に、食の人類学の展開が概説される。その際、特に食の人類学の隣接分野（人文社会科学）との相互影響（文化論的転回）と、近年の動向が紹介される。

続く第２章では、前半で、食物のグローバル化を大きく促した新大陸と旧大陸の間の食物（特に砂糖）の社会史が、文化人類学者のシドニー・ミンツの研究を手がかりに解説される。後半では、世界化する食材の流通や取引の接点となる食市場と、そこから家庭の食卓に運ばれる食材（特に動物）の生命倫理をめぐるグローバルな諸問題が紹介される。

第３章では、人生・生命・生活世界（ライフワールド）における食のトピックスを取り上げる。食物は人が食べることで血肉化される。つまり、心身とモノ（自然）、身体と文化社会は、区別されると同時にその境界を越える。従来の諸科学は、むしろ逆に、心と身体、モノと人、生物（自然）と文化のような、二分法的な差異化と対立を、当然の学問的前提とみなしてきた。その西洋的認識の克服が大きな課題となっている現在、その影響を受けてきた日本の諸分野にとっても、食文化研究は時代に適った研究領域のひとつ言える（本書第1章参照)。前半では、肥満、感覚、記憶と想起、飢えと欲求といった生物学的身体と社会文化の相互性をめぐる食の諸問題が、そして後半では、食と日常生活、特に「飲食とソーシャリティ」と「食とアイデンティティ」など、食をめぐる日常生活の諸問題が取り上げられる。

第4章では、先に国家変動、貧困者への社会支援、国家・民族・地域間の新たな食の問題などがロシアを中心に解説され、次に、グローバル化する現代世界の食と生活環境の問題、特に2000年代に入り急速に注目され始めたフードスケープ論（食の流通のグローバル化、食物と人の移動と転移などの食の景観・まなざし）の課題が概説される。前半の食を通して見える国家・民族レベルでの食をめぐる関係性と、後半の地域に生きる民衆のまなざしとフードスケープとの相克は、今後の食文化論の重要な課題のひとつでもある。

かつて編者は、本書と類似の目的で『比較食文化論』を編んだことがある（本書の第1章河合 2000参照)。今年で、それからちょうど20年が経つ。その間、2005年7月には食育基本法が成立し、2013年12月には和食がユネスコの無形文化遺産に登録された。そして今年の2020年には、世界食糧計画（WFP）に対しノーベル平和賞が与えられた。

本書は、この数十年のそうした世界の情勢と食研究の新たな進展を踏まえ、都合上、文化人類学の立ち位置から編集された。ただし、食の人類学も、他分野との相互影響のもとに文化論的転回を促してきた。したがって、食文化研究全体からみれば、食の人類学は食研究のアプローチの仕方のひとつであり、分野間の境界はさほど明確というわけではない。本書が、新たに、あるいは改めて食文化を学んでみたい人のための一助となることがあれば、幸いである。

本書の編集が最終段階にさしかかった頃、コロナ禍が広がり始めた。そのため大幅な予定の変更が生じたが、その間、かつて外国で見たのにも似た状況が国内でも広がり始め、本書の主題のひとつ、世界の「食」と生の課題の重さを改めて実感した。本書の編集に協力していただいた執筆者の皆さん、資料や情報の提供をいただいた方々、そして何よりも、このような状況にもかかわらず出版を敢行していただいた時潮社社長の相良景行氏、同社の相良智毅氏、及び本書の姉妹編『食からの異文化理解』『世界の食に学ぶ』（共に時潮社）他に続き、今回も丁寧に編集作業を進めていただいた同社の阿部進氏にも、深く感謝申し上げたい。

2020年11月　　編　者

目　次

第4章　変化する生活環境を生きる

【読書ノート】

第１章

食の人類学と文化論的転回

写真（上）：手前は南インドの代表的料理、マサラドーサ
写真（下）：日本へ渡ったベトナム難民の料理店
（上下とも神戸の民族料理店）

1　文化人類学の食研究

1　文化概念の変容

文化人類学は文化の科学とされる。しかし文化という言葉は、きわめて多様な意味で使われている。本書は食文化に係る本であるので、最初に、文化の概念についてふれておく必要がある。まず、よく知られた２人の人類学者の古典的定義の紹介から始めよう。

その一人のイギリスのタイラー（Edward Tylor）は、1884年にオックスフォード大学で世界最初の文化人類学の講座を持ち、文化を学術的に定義した最初の人として知られる。氏は著書『原始文化』で、文化（culture 語源は「耕す」意味）を「知識・信仰・芸術・道徳・慣習その他、社会の成員として人間により獲得された能力ならびに習慣を含む複合的全体」と定義した（同書 1871, 訳；タイラー 1962)。その「人間により獲得された能力」は、他の動物と同じ自然の一部でありながら、人間は自然環境に働きかけられる優越的能力を持つと考え、人間と動物、文化と自然を対置させるための前提である。この定義では、いわば文化は非自然である。

他方、第２次世界大戦後、当時の米国の代表的文化人類学者の一人であったクラックホーン（Clyde Kluckhohn）は、今や古典となっている入門書『人間のための鏡』を著し、文化を後天的・歴史的に獲得された生活様式の体系と見て、「人は生きるために食うのか、食うために生きるのか、それともただ単に食って生きているのか、これについても文化的傾向が認められるので、個人個人の問題だといって片付けられないものがある。感情は生理学的な現象であり、ある種の状況では人間誰しもが、各人の文化的背景と係りなく等しく恐怖を覚える」と述べ、さらに文化を（心の中の）「地図のようなもの」と記した（同書 1948, 訳；クラックホーン 1971：27, 35)。この定義では、文化と心の連続性は想定されているが、感情は生理的現象であるとして、文化的背景とは係りがないと記されている。

タイラーの文化複合論的視点もクラックホーンの心的表象的見方も、その後の文化人類学に形を変えながら今も生きているが、後述するように、そのような文化概念は広すぎて曖昧なので、より狭く限定し、言語や概念体系のような認識的側面を重視することが多くなった。さらに近年、人と動物、知性と感情、文化と自然といった二分法的対立図式ではなく、双方を融合させたハイブリッドな概念とみなされるようになった。以下、食の人類学的研究の課題や展開を、文化人類学の学説史と時代背景を念頭において概説する。

2　食の人類学の展開と課題

（1）フィールドワークと民族誌

それでは、文化人類学の立ち位置とは何だろうか。先にふれたタイラーとクラックホーンの２つの文化観は、文化人類学を超えて人文社会科学の底流にある基本的立場であった。人類学自体、自然（身体）と文化の両分野に分かれる。また20世紀初頭のほぼ同時期に、現代文化人類学の基礎を築いたイギリスのラドクリフ＝ブラウン（A.R.Radcliffe-Brown）とマリノフスキー（Bronislaw K. Malinowski）は、社会文化の統合性を重視する構造＝機能主義的理論の提唱者として知られるが、前者が文化よりは人間を超える次元の制度、組織、規範、関係の社会的連関性（構造と機能）と法則に関心があったのに対し、後者はむしろ人間の普遍的な心理的・生物学的欲求（ニーズ）を基礎に据えた文化論を論じた。

特に、マリノフスキーは、参与観察法（participant observation）によるフィールドワーク（野外調査）と、その研究成果である民族誌（ethnography エスノグラフィーと表記されることもある）に基づく研究法を主導した。文化人類学は米国で発達するが、当初から世界の民族文化（特に少数民族）を主要な研究対象としてきた（西洋で民族学 ethnology と呼ばれた理由でもある）ため、狩猟採集・遊牧・農耕などを生業とする比較的小規模な民族文化の研究を主要なフィールドとしたが、現在では、広く自国を含む都市の医療、福祉、教育、商業などにも拡がり、またフィールドワークも民族誌も質的研究と呼ばれ、実験やデスクワークと並ぶ、諸分野の重要な研究手法の一つとなっている。

（2）文化の比較と相対主義

とはいえ質的研究が即、人類学とは言い難い。文化人類学には自然人類学と人類史にも通じるヒューマニズムがルーツにあるため、それでも見方と手法には自ずと固有の特徴がある。

第1に文化人類学には、個別の民族や地域文化を全体の文脈から微視的に調査研究する側面（フィールド・サイエンス）と、過去と現在を含む文化差と普遍性に注目する側面（グローバル・サイエンス）という、一見したところ矛盾する両面のアプローチがある。

第2に、それに関連して、調査研究（地域研究）、文献研究、通文化的（cross-cultural）研究のいずれでも、著書・報告書・論文・映像記録などの、広い意味での民族誌を基礎資料とし、異なる文化の個性を尊重する文化相対主義的見方と姿勢が求められてきた。

ただし、世界の諸文化が混淆し、移民、ビジネス、観光などで人的移動の激しい現代では、異文化間の区別も曖昧となり、単純な文化比較や善悪の判断の困難な状況は多い。とはいえ、文化差への相対主義的まなざしは、机上の研究だけでなく、例えばフィールドワークの現場では、必然的に求められる。一例を挙げれば、以下のニュージーランドの事件は、その多文化的状況の問題点を、よく映し出している（Levine 2011）。

2010年にニュージーランド政府は、動物愛護団体と科学者の勧告を受け、商業目的で殺される全ての動物を、殺す前に感電させ気絶させるよう法律で定めた。この国にはキリスト教徒が多いが多文化社会であり、ユダヤ教徒たちは、それは彼らの市民権への侵害だとして最高裁に訴えた。ユダヤ教徒にとって、コーシャ（*kosher* 血に動物の生命が宿るので食べられないとされる食で、割れた蹄の動物や反芻動物などがその一例）の動物には、苦しみを与えないよう鋭いナイフで喉を一気に切らなければならないのが常識であり、気絶させて動物を殺すのは倫理に反する残酷な行為となる。仮にその時、同国のユダヤ人の調査のため共に暮らしていたとしたら、どのように対応すべきだろうか。白人（パケハ）と先住民（マオリ）の文化二元主義的な相対主義を理念とする同国でも、より複眼的・多文化的見方が必要であることを、それは示している（第2章2節の「食の生命倫理」参照)。

私たちは、無意識的にしろ、異質に見える価値観を排除したり誤解したりしがちである。それを避けるためにも、フィールドの人々の見方や考え方を尊重し、自身の概念枠組みを無造作に適用して解釈することのないよう、意識的に努める必要がある。文化相対主義的立場は、少なくともフィールドでの心構えとして、今でも基本的に重要である（詳細は桑山 2018参照)。フィールドワークは単なる参与観察による資料収集以上のものであり、研究する側とされる側の双方が対話を通して互いの見方を突き合わせ、研究者の先入観を払拭してデータ化する共同作業でもある。現地の人々との対話と理解の相互過程そのものが「理論」生成の作業であり、その経験はこの分野に特有の知的創造の原点ともなる。

（３）食文化研究の開始

以上、文化人類学の立ち位置の概要をスケッチしてきたが、食文化研究も、この分野の歴史とともにあった中心的テーマのひとつであった。例えば、米国人類学の基礎を築いたモーガン（Lewis H. Morgan モルガンとも表記）は、1876年に北アメリカ・インディアンのモンテズマ人（Montezuma）のディナーに関する民族誌を著しているし、米国人類学の父ともされるボアズ（Franz Boas）も、1921年に、カナダ北西海岸に住む先住民のクワキウトル（Kwakiutl）の民族誌で、鮭漁や日常食のレシピを記録した。また先述のラドクリフ＝ブラウンは、1922年の民族誌『アンダマン諸島民（Andaman Islanders)』の中で、食と社会について論じている。メラネシアのトロブリアンド諸島に滞在したマリノフスキーも、同年、民族誌『西太平洋の遠洋航海者』で、島々を遠洋航海する人々が、経済的には価値のない赤貝と白貝の交換（儀礼的交易）のために遠洋航海する様を、生き生きと描いた。

マリノフスキーのその研究は、西洋から見た地球の裏側に住む「未開」の人々は、礼儀も秩序もなく、飢えと欠乏による必要に迫られ、物々交換で生きている野蛮な人々のように信じていた当時の西洋人に、知的衝撃を与えた。マリノフスキーは同書で、「まず食料品についていえば、原住民はこれを栄養源とみなしているのではなく、またそれが有用であるからといって価値をおくのでもない」(Malinowski 1922, 訳；マリノフスキー 1967：206) と述べ、ヤムイモ小屋でのヤムイモの陳列や所有権、姉妹の夫への義務的贈与、死者儀礼のための分配が、食生活にも社会性があることの例証とした。

文化人類学は、15世紀以降の西洋諸国による航海、探検、交易、キリスト教の布教、植民地化といった活動のグローバルな展開と、西洋諸国への海外からのモノや情報の集積の結果として、あるいは海外へ出かけるために有用な情報を得る必要性から起ってきた分野である。そうして蓄積された世界の人種や国家や民族文化などに関する知識が、植民地統治や少数民族統治政策に応用されることもあった（この問題については、かつて多くの議論があった）が、現地住民の食糧支援その他の国際貢献のプロジェクトに、早くから参加していたことも事実である。

実際、アフリカの北部ローデシアの一民族のベンバ人についてまとめたイギリスのリチャーズ（Richards 1932, 本章の「読書ノート①」次頁参照）は、その問題に関心のあった一人である。マリノフスキーの学生であったリチャーズは、同書で、マリノフスキーの生物学的・心理学的欲求を重視する文化論の影響を受け、飢えのような欲求が、人間関係を規定する重要な要因であることを示した（同書の序文はマリノフスキーが執筆している）。

リチャーズは、栄養学者と食の栄養価値に関する共同研究を行ったが、彼女の食研究には、その事情がよく反映されている。他方、米国では、政府の要請で政策的に食習慣の研究が行われ（1930－1940年代)、1940年には食習慣国立調査委員会が制度的に開催されたが、第２次世界大戦終了とともに廃止された。ミード（Margaret Mead）等の人類学者も、これに参加している。第２次世界大戦後には、米国が外国への食糧援助を開始するが、初めて援助した相手国が敗戦後の日本であった。それに関連のある応用分野しての米国

■読書ノート①　オードリー・リチャーズ■

『ある野蛮部族の飢えと労働—南部バンツーの栄養の機能主義的研究』

（Audrey Richards 1931）

リチャーズは、大学で自然科学系の食物・栄養学を学び、その後、文化人類学者のマリノフスキーのもとで指導を受け、アフリカのザンビアのバンツー語系諸族の一つ、ベンバの農業体系の研究に従事した。英国では最初の女性人類学者でもある。『飢えと労働』（1932）は、彼女が最初のフィールドへ出かける前に提出した博士論文をもとに、後にあらためて加筆訂正したものである（表題の「野蛮」という呼称には当時の異文化観がうかがわれるが、現代では使用されない）。実質的なフィールドワークの成果は、1939年の民族誌『北部ローデシアの土地・労働・日常食』（写真参照）にまとめられている。その構成は飲食、食と家政、食物の生産、土地と生業などである。全体的に『飢えと労働』の構成に似ているが、生物学的欲求と心理に関する記述も、より社会的視点でまとめられている。

リチャーズには、本書を「生物学的プロセスとしての栄養は、セックスよりも基礎的なものである」という書き出しで始めている。それは師のマリノフスキーが生物学的欲求を重視する文化論を展開したことにもよるが、食欲よりも性欲を重視する精神分析学の祖、フロイト（S. Freud）を意識していたことにある。当時人気のあったセックスよりも食欲のテーマの重要性を、ここで強調したのである。

●リチャーズの著書。前方が『飢えと労働』（第２版）、後方が『土地・労働・日常食』

自然科学と文化科学の境界が厳しく設けられ、欲求や心理よりは社会科学的研究が主流になっていた当時の文化人類学では、ちょうどフロイトが精神病の研究に人類学のデータを使って無意識を発見したのが異端であったように、自然科学との協力を含むリチャーズの学際的食研究も異端とみなされていた。彼女は文化の一部として食と栄養を論じたが、そのため社会学、栄養学、心理学、経済学などを含む、学際的でマルチな視点からのアプローチの必要性を重視したのである。

リチャーズは、理論は民族誌を通して浮上するという実証主義的研究への信念があった。また、データは、研究者の目を通して意識的・無意識的に選択した結果であるから、純粋な記述はありえないとも信じていた。その見方は、『飢えと労働』（2004第２版）の序文を書いたムーア（H. L. Moore）も指摘しているように、1970年代から1980年代の解釈人類学とライティング・カルチャー論争を先取りしていた。しかし何よりも、リチャーズの研究の意義は、現代の食研究（フードスタディーズ）の先駆けとなったばかりでなく、その後の「食と栄養の人類学」に受け継がれてゆくグローバルで学際的な研究の必要性を、身をもって示したことにあるだろう。　【河合利光】

の栄養人類学のルーツは医療人類学にあり、1974年に社会科学と栄養学の接点にある分野として発足した。けれども、その後、経済学、栄養学、人口学など、他分野との協力による研究は盛んになったものの、フィールド研究で生物文化論的な立場から社会文化を全体論的に分析して、栄養や健康の問題にアプローチするようになったのは、最近のことである。2004年には、栄養人類学は「食物と栄養の人類学」(Anthropology of Food and Nutrition) に名称変更した (Wiley 2015：81)。

(4) 1970年代前後の食文化研究

フォーディズム

周知のように、15世紀末にコロンブス (Christopher Columbus) がアメリカ大陸の地を踏んで以降、この大陸を原産地とするトマト、カボチャ、ジャガイモなどの作物が世界中に拡散し、逆に西洋を含む世界からも人や動植物がここに流入した。さらに、西洋諸国がその他のアジア・アフリカ・オセアニア諸地域に植民や移民を進め、そこからもたらされた資源や富の蓄積のうえに、西洋世界の食文化も大きく発達した (本書の第2章1節で詳述)。

時代を超え、18－19世紀のイギリスの産業革命を経て20世紀初頭になると、世界の産業の中心となったのは米国であり、その象徴ともいえるのが、標準化され同質的な、自動車産業の商品の製造生産様式と労働形態の出現である。それはフォーディズム (Fordism) と呼ばれたが、創業者のフォードが、ビーフの加工工場で、頭上に張られたロープで運ばれるトローリーから、そのヒントを得たのだという。食文化との関連でいえば、マクドナルド兄弟が最初のハンバーガー会社をドライブインに設立したのが1948年である。それはまさに科学的管理、食事の準備と調理の分業、同じ生産ラインでの流れ作業、画一的な味つけを特徴とする、合理主義を象徴する製造法であり、1958年までにフランチャイズ店をオープンして、ブランド企業となった。さらに、それは米国のその後のファストフード化のモデルともなり、1960年代以降には国外へも市場を拡大した。

米国では、こうした産業構造の変化は、いわゆるマクドナルド化（McDonaldization 米国風の画一的で標準化された商品と大衆消費社会への変化）と呼ばれる。新中間層（新サービス産業とホワイトカラー）が増えることで、富裕層と低賃金労働者層の新たな階級が形成された。これはやがて世界的な傾向となる。

1970年代前後の状況

1970年前後には、世界的にも環境問題が注目され、自然食品運動が始まった。また南北間格差が拡大して貧困国の人口増加率が食糧増加率を上回り、食糧危機が叫ばれ始めた。これが、ポストモダニズムとかポストフォーディズムと呼ばれる時代である（実際には、モダンの時代区分は曖昧である）。それに対応するかのように、1970年前後の文化人類学には、大きく分けて３つの学問的流れがあった。食文化論は、直接的には次に示す第２と第３の動向と関連がある（以下で挙げる1960－1980年代の著者・文献については表１－１参照）。

第１は、文化を、共有される意味での体系（テクスト）とみなし、民族誌の「厚い記述」を重視する米国のギアツの解釈人類学に代表される文化学的研究である（Geertz 1973, 訳；1983, 他）。それは1950年代以降の言語哲学に始まり、1967年以降の人文諸科学の有力な見方となった言語学的転回に、記号論が結びついて起こったとされる。言語学的転回とは、全ての分析は言語のフィルターをかけられており、リアリティは言語を通してしか捉えられない、つまり全ての人間の知識（科学的知識も含めて）は、言語により構造化されているという主張である。特に、1960年代から1970年代以降のギアツの解釈人類学は、人文社会科学の文化研究（カルチュラル・スタディーズ、後述）の形成に大きな影響を与えた。

第２は唯物論的研究、つまり人間行動の原因を生物学的欲求と生態的環境への適応から説明する立場である。典型的なのは、ハリスが1979年に出版した『文化唯物論』である（Harris 1979, 訳；1987, 他）。ハリスは、例えば、インド人が牛を神聖視して食べないのは、それを食べるよりは食べるのを禁止して農場で使役する方が、利益効率性があるからであるし、イスラーム教徒やユダヤ教徒が豚肉をタブーとするのも、飼育するのに大量の水を必要とするので、乾燥地の多い中近東では、そのほうが利に適っているからだと論じた。

ターンブル（Turnbull 1973, 訳；1974）の諸著作も、飢えや生態環境と経済の変化が主題となっている。ウガンダとその周辺国の国境近辺に住む狩猟採集民のイクの人々は、ウガンダ政府がこの地帯を1962年に国定公園に指定したため、定住と農耕への移行を促された。その後の飢饉で暮らしが変化しただけでなく、食料不足に悩まされた。ターンブルは、正常な食物分配も贈与もない、エゴイズムのはびこる世界として報告した。

第3は、フランスのレヴィ＝ストロース（Claude Lévi-Strauss）の構造主義の唯心論（mentalist）的理論である（表1－1；1964-71, 1965）。氏は構造言語学から着想を得て、1949年に名著『親族の基本構造』（Elementary Structure of Kinship）を出版した。その基本には、言語と同様に無意識により規定されている財と女性の集団間の交換によって社会文化システムが構築されているという前提がある。食と性を類比的に考える食文化論的見地からすれば、自ら育てた家畜は自己消費せずに他者に与えるように、インセストタブー（近親相姦の禁止）で「自己消費」を禁止し、他集団と女性（姉妹）を交換して妻を迎え、集団間の連帯を実現することになる。

レヴィ＝ストロースは1964年に、生のもの（自然）と火にかけたもの（文化）、火にかけたもの（文化）と腐ったもの（自然）のように、自然と文化の二項対立と記号論的な変換から成る三対関係を「料理の三角形」と呼び、その基本図式を人類普遍の無意識の構造と考えた。同様にリーチ（Leach 1964, 訳；1976）も、記号論的・言語的側面から、山野の獲物と結婚可能な友人（娘）が、いずれも「可食」で「ハント（hunting）」の対象となるカテゴリーに分類されるように、動物と人間、食と性の間に対応関係があると論じた（本書の第3章2節参照）。また、生物学的身体と社会的身体とを分析的に区別し、あらゆる社会文化は身体化されていると主張して独自の境地を切り拓いたダグラス（Douglass 1969, 訳；1972他）も、隠れた食の歴史意識や記憶といった意味の解読をテーマとした。1972年の論文「食事を解読する」（Douglass 1972）では、イギリスの食事が、肉と2菜（A＋2B）として公式化されるとして、無意識の心性を論じている。

表１－１　本文で言及した1960年代～1980年代の主な文献

原典初版年	著書名	書名・論文名（題名は邦訳の表題）
1964	E.R.リーチ	「言語の人類学的側面―動物のカテゴリーと侮蔑語について」『現代思想』4-3，青土社
1964-71	C.レヴィ＝ストロース	『神話的論理』全４巻（『食卓作法の起源』『生のものと火を通したもの』『蜜から灰へ』『裸の人々』）みすず書房
1965	C.レヴィ＝ストロース	「料理の三角形」『レヴィ＝ストロース』みすず書房
1966	M.ダグラス	『汚職と禁忌―身体・穢れ・タブー・カテゴリー』ちくま学芸文庫
1972	C.ギアツ	『文化の解釈学』Ⅰ・Ⅱ，岩波書店
1973	M.サーリンズ	『石器時代の経済学』法政大学出版局
1973	K.ターンブル	『ブリンジヌガグ―食べるものをくれ』筑摩書房
1975	M.ハリス	『文化の謎を解く―牛・豚・戦争・魔女』東京創元社
1976	M.サーリンズ	『人類学と文化記号論』法政大学出版局
1977	C.ポランニー	『人間の経済』Ⅰ・Ⅱ，岩波現代選書
1979	M.ハリス	『文化唯物論―マテリアルから世界を読む』（上下巻）早川書房
1979	P.ブルデュー	『ディスタンクシオン―社会的判断力批判』（英語版1984）米原書店
1985	S.メネル	『食卓の歴史』中央公論社
1985	S.ミンツ	『甘さと権力―砂糖が語る近代史』平凡社

その後、サーリンズは、史的唯物論に構造主義的視点を取り入れ、例えば「われわれが行っている飼料用穀物や家畜の生産、はては世界的な貿易関係までが、もしわれわれが犬を食べるようになれば変わってしまうだろう」(Sahlins 1976, 訳；1987：262）と述べ、どんな種類の動物が食べられるか／食べられないかのタブーに比べれば、経済的価値は二義的な問題にすぎないとして、唯物論的見方を批評した。

ただし、以上の分類は便宜的なものである。なぜなら社会文化が何らかの「基礎」（それぞれ言語・物・無意識）によって拘束されると見る点で、いずれも唯物論的だからである。

（５）歴史主義とポストコロニアル転回

1970年代と1980年代の課題

1970年代の主な関心は、先述の1960年代の解釈人類学を踏まえて政治経済

（ポリティカル・エコノミー）の動態をいかに説明するかに移行した。フランスは伝統的に階級社会であり、飲食店もレストランもピラミッド型に序列化されていたが、先述のマクドナルド化に合わせるかのように、フランスでも新中間層が形成され始めた。ブルジョアの消費文化はシンプルで世俗的な労働者階級の食の嗜好とは異なっていたが、1960年代以降に新中産階級が新たな消費者として登場してくると、高級レストランよりは身の丈にあったレストランで誕生日や結婚記念日を祝うようになり、階層間のボーダーレス化が進んでいった。

ブルデューはフランスの食の嗜好と味覚から、この時代の階級文化について研究した。主著の原題が『ディスタンクシオン―味覚判断の社会批判』（Bourdieu 1979, 訳；1980）であったことが注目される。氏の経歴は、アルジェリアのカビル人（Kabyle）をフィールドワークした文化人類学者として始まった。ブルデューがそこで見たのは、構造主義者が説くような右と左、男と女のように二元論的に分節された世界ではあったが、その知識は空間的に身体化されているだけでなく、心的・感覚的にも身体化されていた。そこからブルデューは、知識と実践的技能を「見習い」により学習する身体化の過程に注目した。ここでは構造主義とは異なり、物的・身体的次元と社会文化的次元の間の、生活における連続性が想定されている（ブルデューについては、本書第3章3節で詳述）。

ブルデューは、1960年代に、フランスの階級と味の嗜好を、質問紙票を援用して調査した。そこから彼は、フランスでは、新中産階級とその他の階級の嗜好のボーダーレス化が進んだが、それと同時に旧中産階級の価値観を拒否し、労働者階級の食による交際の仕方を取り入れ、また、よりヘルシーな食事を考案することで自らの味を正当化して、洗練された快楽主義的な消費スタイルを好むことを明らかにした。ブルデューは、姿勢・ジェスチャー・嗜好のように身体化された習慣をハビトゥス（habitus）と呼び、階級内で受け継がれた特色が文化資本（cultural capital）として再生産されると論じた。

ブルデューの研究は、社会学かカルチュラル・スタディーズに入れられることが多い。しかしその視点は民族誌的であり、その研究は、後に文化人類学的研究が産業社会にまでフィールドを拡大していく過渡期に現れた、先駆的業績のひとつと見ることもできる。それに対して、食の嗜好に関心をもつイギリスの社会学者のメネルは、ブルデューの研究は1960年代という一時期の質問紙表による研究であるから、歴史的変化の動態を十分に捉えていないと批判した（Mennell 1985, 訳；1989）。ただし、メネルもまた、イギリスでも、階級差は、表面的には薄れてきたものの、現実には差異があることを明らかにした。

また、社会理論家のコナトンは、ブルデューの影響を受けて、テーブルマナーや社会における身体の役割を論じた。つまり、身体を記憶の座と見て価値やカテゴリーを身体の無意識的動作（例えば、ナイフとフォークの持ち方や動かし方、食事の仕方、礼儀作法、姿勢、表情、服装など）と重ね合わせ、身体が社会と個人という２つのレベルを連結させる要になると主張した（Connerton 1989, 訳；2011）。ブルデューの言うハビトゥス、コナトンの記憶論、メネルの歴史主義的・政治経済的な食研究は、消えたようで消えていない階級間の食の嗜好や価値観の差（区別 distinction）の存在を明らかにし、制度的に組織された賃金格差、階級格差と階級闘争、抑圧と抵抗といった、それまでのハードな見方から、「民族誌的まなざし」によるソフトな見方へと移行させた。

政治経済研究とポストコロニアル転回

1970年代から1980年代の上述の歴史主義や政治経済（ポリティカル・エコノミー）への関心は、当時の西洋諸国の植民地独立の機運と無関係ではない。イギリスでは、17世紀に植民地のインドから綿織物が持ち込まれ、世界の産業革命を先導した。さらに19世紀には大穀倉地帯である旧植民地の米国、カナダ、オーストラリア、ニュージーランド、アルゼンチンなどから小麦や羊毛などの資源がもたらされた。1870年代末に冷凍技術が発明されると、食用冷凍肉を西洋諸国に運ぶのが容易になった。そのためビーフやラム肉のヨーロッパへの輸出も容易になり、オセアニアや中南米を含む世界に、ヨーロッパ向けの食料基地ができた。そうした研究に注目したのが、プエルトリコの砂糖キビのプランテーション労働者を調査したミンツである（Sydney Mintz ミンツの理論は本書第２章１節で詳述）。ミンツは、新大陸の奴隷による砂糖キビ生産の政治経済的プロセスが、どのようにイギリスの食文化に変化をもたらしたかを、主著の『甘さと権力』(Mintz 1985, 訳;1988)で論じた。

ミンツのその書は、後のバナナ、エビ、寿司、パン、酒などの単一食物研究(single-food studies)の古典となった。近年の「食物と栄養の人類学」でも、その研究法は、社会文化的・生化学的変化と意味を、例えば、ミルクのような一種類の食品を通して全体論的に研究するように、食研究の有用な方法の一つとなっている。

ちなみに中南米からヨーロッパに伝えられたココア豆も、チョコレートの歴史に深く関わる、よく知られた食の社会史のテーマである(人類学の研究ではコウ/コウ 2017等参照)。チョコレートの歴史も、中南米のココアに征服者のスペイン人が砂糖を加えたことに始まる。チョコレートに限らず世界の砂糖生産のヨーロッパ諸国への影響については、チャースレイの『ウェディング・ケーキと文化史』(Charsley 1992)によく示されている(第2章「読書ノート②」63頁参照)。西洋の食産業もケーキ文化も、植民地が深く関与していたが、1970年代前後から、その植民地が急速に独立し始める。文化人類学から見れば、自文化(研究者)から見た異文化(研究対象)である国家・地域・民族との関係が変化しはじめ、その新興独立国自体も、急速に変動と葛藤の荒波に翻弄されることになった。

実際1980年代に入ると、文化間の断絶と断片化、新伝統の創造とその政治化、多文化混淆と対立、住民による伝統文化の政治化といった、文化の政治性とかライティング・カルチャー(記述表象する権利の主体、民族誌の暴力性、民族誌の歴史的構築性など)が議論され、ポストコロニアリズムないしポストモダニズムの時代に入る。直接的には、比較文学のサイードによる、西洋優位の異文化観への批判(Said 1978, 訳;1993)が契機となった。

3 変化した社会文化をいかに理解するか

(1) ポストモダニズムの反省期

それでは1980年代のポストコロニアルとポストモダニズムの時代は、巷で言われるような文化人類学の停滞期だったのだろうか。1990年代に入るとポストモダニズムの反省期に入る。インゴルドは、その状況を次のように記している（Ingold 2018：92-93, 訳；2020：108-109）。

（要約すると）1989年にドイツでベルリンの壁が崩壊した。続いてソビエト連邦が崩壊して冷戦が終焉を迎えた。それまでの人類学は、前資本主義的生産様式（伝統的経済）を前提にモダニズムを捉えるマルクス主義的唯物史観の発想が根底にあったが、その思想が崩れると、モダニズム（ある種の進歩の語りである）の変奏にすぎなかった進化主義も機能主義も構造主義も地に落ち、それまで人類学のすべての学徒が読んでいた構造主義的マルクス主義の本は、図書館の棚に放置され読まれなくなった。ポストモダンはポストコロニアルと重なる。それゆえ西洋知の普遍性と非西欧文化への知的優位性も、もはや当然とはみなされなくなり、それ以後、進歩を説くような大きな語り（壮大な理論）も影を潜めた。

こうして反省期を迎えたポストモダニズムが直面したのは、急速に変化した／する世界の文化を、次にどのように捉えるかにあった。先述のポストコロニアル転回に伴う民族誌の再考（ライティティング・カルチャー）と、ブルデュー、メネル、コナトンらの自文化（研究者自身の社会文化）の人類学的研究が、その後（1990年代以降）の研究の方向転換のための準備期間とみることもできるだろう。1990年代の食文化論の進展も、1980年代以前の動向と無関係ではない。ここで、大きく変化した／する、その時代背景を念頭におきながら、その当時の食文化研究がどのように進展したかについて、いくらか追ってみたい。

（２）心身二元論の克服と民族誌的視点の再構築

民族誌の原点への回帰

1990年代以降に模索された主な課題は、ポストモダニズム人類学によって軽視されてきた「ローカル（地域）と身体（人格）」を再構築し、伝統的民族誌の原点に立ち返ることであった。つまり、ポストモダニズムにより過度に強調された文化の断片化と異文化の混淆、伝統文化の消滅と政治化、文化の系統性の否定を反省するとともに、鳥の目（大きな理論）から虫の目（微視的視点）へと転換し、さらに、生物的身体と文化的身体、および伝統の希薄化した社会における主体・人格性（personhood）の存在論的意味を問い直す必要があった（A.Strathern 1996：194）。

その伝統的民族誌への回帰には、壮大な理論研究からフィールドワークを重視する伝統への復帰、という以上の意味がある。言い換えると、研究者が現地「文化」を住民の視点から研究するというに留まらず、フィールドの人々との対話を通して、その経験的に創発された固有の伝統と見方（文化）を「真摯に（あるがままに）受け止め」、その内側から精緻に理解し記述分析するという民族誌的研究のあり方に、より自覚的になることである。

そのため注目された理論の一つは、メルロ＝ポンティ（Merleau-Ponty）の現象学の影響を受けた、先述のブルデューのハビトゥス論やコナトンの記憶論をさらに深化させ、それ以前に研究者が常識的で当然とみなしてきた科学的前提、例えば、心と身体、社会と個人、物質と精神のような、二分法的な既成の図式を脱構築することであった。特に、現象学は、身体を記憶や感情の座と見て、生きた経験（lived experience）から全体論的（holism 全体的な見方であり、社会的統合性とは区別される）に理解しようとする点で、基本的に文化人類学の伝統的アプローチにも通じるところがある。

ブルデュー／コナトンとメルロ＝ポンティの現象学との類似性を指摘したのはソーダス（Csordas 1988, 1994）である。現象学はそもそも、主観的存在（being）としてのヒトが身体を媒体として社会や他者と相互依存し、抵抗と闘争の行為（doing）を繰り返すことで、生きる世界（lived world）をどのように感じ、経験し体現（embodiment 具現）するかを考える哲学である。医療人類学のソーダスはフィールドワークの経験から、知覚と実践の存立基盤としての身体に注目して、主観と客観の二元論（例えば知覚と行動、心的構造と実践、精神と身体）の対立図式を解消させようとした。

それに関連するもう一つの研究方向は、言語学のレイコフと哲学のジョンソンの現象学的研究『レトリックと人生（Metaphors We Live By）』（Lakoff and Johnson1986, 訳；1986他）である。彼らは、人間は隠喩（メタファー）を通してしか知覚し経験できないと考え、ローカルに生きる人々が、自身の世界をどのように「納得」して見ているかに注目した。そこから、日常生活における自己の環境、他者との相互交渉、相互理解の反復的経験により形成される前概念的ゲシュタルト（器・導管、上と下、中心と周辺などの方向の隠喩的イメージと心的形象）、およびプロトタイプ的認識図式（schema スキーマ）を論じた。その際、その図式と行動、あるいは身体と生活環境は相互に連続することになる。そこから彼らは、身体と生活環境、自己と社会を対立的に捉えてきた従来の西洋的心身二元論の前提は、「神話」にすぎないとして拒否した。彼らはそのような自らの立場を経験現象学と呼んだが、その「経験と文化」の図式論は、その後、多方面の人類学研究に影響を与えた。

レイコフ等の図式論は、ソーダスが自ら文化現象学と呼ぶ前概念的認識（メルロ＝ポンティの言う前客観性）の身体化と体現の理論とともに、特に1990年代以降、多大な影響を与えた（ちなみに、筆者自身、オセアニアの民族誌的研究において、自然と文化、身体と精神、身体とモノ〔食物、石、箱など〕のような心身二元論的対立図式への疑問と、生命・感情・生理作用、身体のバランス感覚などのバイオロジー的認識を含む身体経験と形象認識〔中心・ライン・境界・方位など〕の創発性を現地文化固有の文脈から捉える、新たな民族誌的研究の必要性を示したことがある。河合 2001, 2009：18-26, 277-287等を参照されたい）。

食の記憶と自己意識

その図式論や体現論は、特に食文化研究では重要である。なぜなら身体に入る食物は身体（自己）と一体になり、また自己意識とその表象としての食物は、いずれも日常生活における主体としての身体（意識・感覚・記憶）に連続する文脈において存在する問題だからである。大貫恵美子『コメの人類学—日本人の自己認識』(1993）は、その転換期の業績の一例である。同書では歴史主義的人類学、ブルデュー、およびレイコフとジョンソンの経験現象学などを踏まえながら、かつてコメは、必ずしもすべての日本人の主食ではなかったが、国際化のなかで民族固有の伝統的食べ物として甦り、「自己の隠喩」としての米に託した日本人の自己認識とアイデンティティの対象になったと論じた。

同様に、食物に焦点を当てた、身体感覚や自己アイデンティティとしての記憶の研究は、クーニヤンの論集『食物と身体の人類学』(Counihan 1999)でも、南イタリア等で調査した『トスカーナの食卓をめぐって』(Counihan 2004)でも、共通の視点となっている(「読書ノート⑥」143頁と本文参照)。また、ギリシャのカリムノス島の調査から、ソーダス、レイコフ／ジョンソン、コナトン等の記憶論等を踏まえ、食の記憶過程と歴史意識に関する「感覚の人類学」を提唱したサットンの研究も注目される(Sutton 2001,「読書ノート④」103頁と本文参照)。さらに、親族研究の文脈においてではあるが、生活(ライフ)に関心を持ったカーステンは、マレーシアのランカウィ島の移民社会の報告から、寝食をともにして一つ「カマド」(日本では「釜」)のメシを食べることで、非親族(文化)から「血縁」親族(自然)に変容する親族の形成過程の問題を提起した(Carsten 1997他,「読書ノート⑤」123頁参照)。

(3)食産業への関心

先に述べた1980年代のポストモダニズム人類学とポストコロニアル転回は、1990年代以後の後期ポストモダニズム(後期資本主義)のもう一つの変化にも、大きな影響を与えた。それは、研究者(多くは欧米諸国)が、母国を含む産業社会研究に、大きくフィールドを拡大したことである。1986年に『文化を書く』の序文を書いたクリフォード(James Clifford)は、「民族誌的見方(まなざし)」(ethnographic gaze, Clifford and Marcus 1986, 訳;クリフォード／マーカス 1996:40)が、日常生活の歴史、愛と名誉のような文学的テーマやメディアなどの多方面に、すでに浸透していると指摘した。その見解は、自国の日常生活では見慣れていて当たり前の風景(自身の属する文化の社会制度、規範、習慣など)を、異文化を研究しているかのような目で異化(defamilizing view)する見方でもって研究するという、従来は無視されていた学際的主題があることに気づかせた。

ただし、文化人類学がそれを実現するためには、先に述べたように、従来の民族誌の方法、根底にある自文化（西洋文化）に浸透している伝統と近代の二分法、および心身二元論的図式を脱構築しなければならなかった。むろん産業社会の文化人類学的研究は、すでに20世紀初頭から始まっていたが、小規模なコミュニティを微視的にフィールドワークするそれまでの研究法だけでは、グローバル化と変化の進んだ状況での文化人類学的研究となると、困難があったからである。言い換えると、ローカルな個別の地域・民族を微視的に調査する集約的研究は、普遍化を前提とする近代化論との共存が難しかった。

その課題を先導した一人は、アパデュライである。氏は『さまよえる近代』（Appadurai 1996, 訳；アパデュライ 2004）で、人・モノ・アイデアが世界中で相互に受け入れられ、抵抗、反発、変化、適応する、同時的ではあるが多様なグローバル・システムを論じた。他方、ノルウェーの市場・マーケッティング・栄養と食料政策のフィールドワークを開始したリエンも、「一見したところ典型的にモダンのように見える特徴も、結局はそれほどではないことが明らかになる」（Lien 1987：3）と述べ、伝統とモダンの二元論の再考を求めている。さらにノルウェーのバイキング料理の研究において、リエンは、ソーセージを製造する管理者が、消費者のため水と塩の組み合わせに柔軟な配慮をするなど、モダンの特徴と信じられていたノルウェーのソーセージの製造技術も社会文化と融合しており、詳しく見ると実際にはまったくモダンではないと主張した。

アパデュライやリエンの産業社会研究は「科学とテクノロジー研究（STS；Science and Technology Studies）」と呼ばれるが、科学自体も社会文化的文脈で生産されるというその立場は、ラトゥール（Latour 1993, 訳；ラトゥール 2008）の著書の原題である「私たちは決してモダンであることはなかった」によく示されている。そこには、人間と非人間の二元論を超えた双方の融合がみられる。

ここで注意を促したいのは、STS研究を推進したアパデュライにインドの国民食形成の研究（Appadurai 1986, 1988）の経験があることである。自国のSTS研究の「まなざし」には研究者自身の他国での「民族誌的まなざし」の経験が糧になることを、忘れてはならない。

また市場に関連するベスターの『築地―世界の中心の魚市場』(Bestor 2004, 訳；ベスター 2007, 本書「読書ノート③」67頁、副題は編者訳）は、魚市場をめぐるグローバルとローカルの交差する場の動態を描いている。同様にワトソン編『マクドナルドはグローバル化か』(Watson 1993, 訳；ワトソン 2003)は、食のグローバル化と標準化を象徴する。レストランの文化人類学的研究は1970－1980年代に開始されるが、特にワトソンの同書は東アジアのマクドナルドのローカル化を論じたばかりでなく、実質的に東アジアに関する最初のレストランに関する文化人類学の論集という点でも重要である（ただし東アジアのマクドナルドはレストランというよりは、むしろスナックになっている)。さらにベリスとサットン（Beriss and Sutton 2007）は米国のレストランに関する論集で、それは地域生活のすべてを凝縮しており、ポストモダンの生活を象徴すると論じている。

（4）ポスト社会主義の食の民族誌

ここで、東欧と中国に限られるが、先述の1989年のベルリンの壁の崩壊後の状況に話を戻し、その後の関連の民族誌的研究をいくつか紹介する。第2次大戦後の東欧諸国では、比較的豊かとされたソビエト連邦・チェコスロバキア・東ドイツの大都市でさえ食物を得るのが困難であった。その後、ソビエト連邦が崩壊してロシアになり、冷戦が終結しても食との闘いは続いた。

コールドウェルは、2004年に、資本主義化が進行し、海外の食糧支援を受け、互いに助け合いながら生きるモスクワの様子を報告している（Caldwell 2004,「読書ノート⑦」175頁と本文参照)。しかし、それまでは食糧増産に関する歴史経済的な研究が多く、日常生活の生きた経験から食を考える研究は、まだ稀であった。しかし1989年以後、新たな商品の流通網ができ、社会主義時代にはなかった新鮮な野菜や果物などが定期的に手に入るようになり、さらに資本主義化が進むと、特にコーヒーやマクドナルドなどの欧米の食文化が流入した。他方でブルガリア、ハンガリー、リトアニア、ロシアとシベリアの間で、生ミルク、ウォッカ、缶詰、パプリカ、ソーセージなどの食品がブランド化され、例えば、リトアニアのブランドであるソビエト・ソーセージのように、過去（旧ソビエト）と未来（西洋的近代）のブレンドした食品が製品化され始めた（Caldwell 2009：24）。

他方、中国も経済的・政治的な歩みは似ていた。第二次大戦後に限れば、1949年に共産党政権が樹立された後、1960年前後の３年間、深刻な飢饉に襲われ（4,000万とも5,000万ともされる人々が餓死した）、続いて集団農場化が推進された。市場開放政策へ移行したのは1978年以降のことであるが、1992年の再度の開放政策でそれがさらに加速した。現在、飢えの時代を経験した戦前戦後の古い世代と、市場経済化の進んだ豊かな現代に生きる若い世代との間には、食に関する思いの断絶と食による伝統的つながりとが共存する。

オックスフェルド（Oxfeld 2017）も、南部中国の郡部のコミュニティと食物の研究から、都会に働きに出た若い世代と深刻な飢饉を経験した古い世代との断絶と葛藤、都市化による食体系の産業化、個人主義への変化、伝統経済と利益追求型経済との矛盾といった諸問題を示した。そこから、相互に共有される伝統的な食習慣の感覚が、世代や居住の断絶によるインパクトを弱めるのに、重要な役割を果たしていると論じられている。

また、北京で長期のフィールドワークを行ったファーカーは、その民族誌『食欲―ポスト社会主義中国の食物と性』（Farquhar 2002）で、急激に変わったポスト社会主義社会の変化を、社会文化的文脈から描いた。そこでは、市場開放以前の食物と性の欲求の禁欲主義的・利他主義的価値観と、市場開放後の資本主義の快楽を享受する生き方とをたどりながら、その願望の意味の推移が考察されている。生物学的欲求も快楽も「自然」とはほど遠いと説き、身体を歴史・記憶・文化の存立基盤と見る、先述のブルデュー、ソーダス、アパデュライ等の「民族誌的まなざし」が、本書には活かされている。

東欧諸国でも中国でも、欧米のポストモダニズムにも似た国家建設とグローバル化による混迷の時代があり、現在の市場経済に移行してきたが、それぞれの近代化のあり方は同じではない。国家・民族文化・地域・社会事情により、欧米諸国と異なる固有の近代化を模索している段階といえるだろう。

2 文化論的転回と食の人類学の課題

1 食研究の文化論的転回

（1）文化論的転回

ここでいう文化論的転回（cultural turn）とは、先述のポストモダニズム、ポストコロニアル転回、あるいはポスト構造主義とも呼ばれる、人類学の人文社会科学への学問的影響を総称する言葉である（Jameson 1998, Bonnell and Hunt 1999, Cook et.al 2000等参照）。

最近、文化論的転回を論じたドイツ人の文化研究家、バッハマン＝メディック（Bachman-Medick 2015, 英訳；2016）は、1970年前後のギアツの解釈人類学や記号論などの影響を受け、文化人類学の周辺科学（人文社会科学）のあらゆる領域に、知識や方法の人類学化が起こったと述べた（同書、英訳2016：18)。言い換えると1970年代から1980年代までに、「テクストのように文化を記述し解釈する」というギアツの文化学的概念と方法が、カルチュラル・スタディーズとして比較文学、地理学、人口学、社会学などの人文社会科学に広く支持されるようになったが、さらにその後も人類学との対話と相互影響により、人類学的転回が起きた。そこから、各国の独自の文化研究を発展させた。

その文化論的転回は、他の人文社会科学に西洋中心的な見方が埋め込まれているという、異文化間の不平等な力関係と知の優劣の不当性に目覚めさせることになった。逆に人類学も、異なる国・民族の地域研究に集中するだけでなく、自国の現代産業社会にも目を向けるよう促された。また、アパデュライ等のグローバル化の研究をはじめとするSTS研究は、他分野への刺激となり、人間諸科学も新たな文化論的転回と呼ばれる段階に入った。

（２）食文化研究の転回の条件

近年、食文化研究は日本でも活発になりつつある。しかし1990年代まで、学術的には盛況とはいえなかった。本章の冒頭でもふれたように、確かに文化人類学では、19世紀後半から始まる長い食文化の研究史があった。しかしアカデミア界に受け入れられる本格的な文化人類学的研究となると、近年始まったばかりといってよい。米国では、先述のように、栄養人類学を中心とする学会活動などがあった。とはいえ、2002年に「食物と食の人類学」の研究成果をまとめたミンツとデュボアは、包括的に書かれたモノグラフは「嘆かわしいほど少ない」（Mintz and DuBois 2002：101）と記している。

同様に日本でも1970年前後から、石毛直道による食の民族学的研究が着手されていたし、照葉樹林文化論者による味噌・麹等のルーツ論などもあった。しかし吉田集而は1960年代以降の先駆的研究を紹介して、「日本に関するものが圧倒的に多い」（1983：112）と前置きしているし、食事文化に関する日本の研究史をまとめた石毛直道も「まだ始まったばかりの、発展途上にある分野なのである」（石毛 1996：131、1998参照）と結んでいた。実際、大学で系統的に研究成果を教えるための入門書を指標とするなら、日本における、この分野の包括的で系統的な文化人類学関連の食文化論の入門書が刊行され始めたのは、ようやく1995年以降のことである（石毛・鄭 1995、滝口・秋野 1995、河合 2000、森枝・南 2004）。

それ以後、日本でも世界の食事文化についての出版物も多くなり、本格的な研究や啓蒙書も現れてきているし、大学に食文化関連の科目や専門コースも置かれるようになった（諸分野の動向については、本章末の「読書案内」の野林・他編 2021参照）。ただし食の人類学に限れば、まだ米国のかつての状況が参考になる。食研究者のベラスコ（Belasco 2005：6-8）は、長い間、周囲から食研究に対する理解が得られなかった自身の経歴に言及し、大学のフードスタディーズの授業さえ、数10年前まで稀であったと述べている。

アカデミアにおける食文化研究が低調であった理由として、彼女は、①身体よりも精神を評価する西洋哲学の影響、②食物は男性よりも女性の領域と見る（ジェンダー観の）問題、③産業社会における農業・農園（生産地）と食卓とのつながりの曖昧さの3つを挙げた。ベラスコはそれに、産業化、および生産者と消費者の双方を含めた全体を「文化」と見る視点がなかった、という理由を付け加えている。

要するに、食文化研究がアカデミアに本格的に受け入れられるためには、自文化（西洋）の心身二元論の克服、男性と女性の硬直的な二元論的ジェンダー観の再考、および文化の視点からの食物の生産と消費の断絶の再構築の必要性という、3つの問題の克服、つまり、さらなる文化論的転回が必要ということである。最初の「心身二元論の克服」については、学説史を含めて先に概要を記したので、残りの②と③の2点を中心に現状を紹介する。

2 フードスケープ論と新しい家政

（1）フードシステムとフードスケープ

先に③の生産と消費の問題を挙げるなら、生産・流通・消費の全過程を含めて食文化と見る必要性は、筆者自身（河合 2000：4-5）も、グディ（Goody 1982：37-38）の議論を援用して指摘したことがある。ただし、その基本的な見方は、本書の第2章1節で改めて紹介するように、食物の生産、大陸間の移動と地域への生態的適応、流通（サプライ・チェーン）に関するミンツの理論にすでに萌芽があったし、先に言及したアパデュライのグローバル・フードシステムとも共鳴する。アパデュライは、複数の地点（例えば生産地と消費地）のそれぞれの「場」と、場と場の間の食物の往来と変化の研究の重要性を指摘した。そのために氏は、同時に存在してはいるが、歴史と文化を持続的に共有する別々の日常生活の場所と、その双方が点と点で結ばれるグローバル・フードシステムを構想した。それは、本書第4章2節の課題であるフードスケープ（foodscape）論にも通じる見方でもある。

1990年代以降、アパデュライのそうした見解は、もともと空間が文化人類学の文化に匹敵するほど重要な概念であった文化地理学に、空間論的転回をもたらした。その意義は、地理学者のアトキンスとボウラーの「文化論的転回、ポストモダニズム、ポスト構造主義が、社会科学における最近の方法論的・理論的発展の全てを要約する言葉である」（Atkins and Bowler 2001：7）という発言に集約される。

食の地理学は、特定の日常の場所の歴史や文化の調査を援用し、食物が土地と土地の間を移動し、抵抗や受容と意味付与の過程を経て転移（translation）し土着化する、グローバル・フードシステムを重視する。食物や料理の理論では、さらに分野を超え、食品が農村から商店やスーパーマーケットに運ばれたり、移民が新たな場所に自身の伝統料理を持ち込んだりする、象徴的・社会的な場（への住民の「まなざし」）に関するフードスケープ論となる。

この議論は、地理学、社会学、都市計画、およびアパデュライの影響を受けた文化人類学などでも、同様に重要な課題となりつつある（「読書ノート⑧」197頁参照）。フードスケープ論は、本書第２章の生産と消費のテーマとも関わるが、先述のベラスコが指摘した、生産地と消費地の二元論を解消する「まなざし」の食の文化論でもある。

（２）フードフェミニズムと新しい家政

食文化研究のもう一つの問題である食と女性のジェンダー、つまりフードフェミニズム論は、1970年代から食文化研究に加わった。アジア・アフリカを含む世界の食糧生産の半分以上を女性が担い、女性が家庭料理の多くを担う例が多いことから考えると、その重要性は当然ともいえる。国際連合食糧農業機関（FAO）の統計によると、女性が生産する食糧は、アフリカ諸国では80%、アジア60%、南アフリカ30－40%の間だという（Belasco 2005：41）。

ただし、一口にフードフェミニズムといっても、必ずしも一様ではない。肉食を女性の虐待と同一視する人もいる（西洋系諸社会では、人間から周辺化される動物と、男性から周辺化される女性とを同一視する傾向がある）し、肉食が男性的で菜食が女性的と見る文化観から、肉食を避ける人もいる。フェミニズム運動家のアダムズの著書『肉食という性の政治学』（Adams 1990, 訳；アダムズ 1994）の表題が、それを端的に表している。

また日本では買い物は主婦のイメージが強いが、インドでは男性が、そしてギリシャでは男女とも行うことが多い。米国なら、週末は夫婦のショッピングモールでの買い物が多いかもしれない。人類学者のミラーは、北部ロンドンの街で１年間の民族誌的研究を行い、買い手が何を買うべきかを決断する際に直面する微妙な問題を調べた（Miller 1988他)。買い物は主に女性がするが、ミラーは、人と物との唯物論的関係というよりは人類学でいう供儀（sacrifice 犠牲の意味もある）にも似た愛（love）と世話（献身）の行為で、主観と客観の双方を含むジェンダーの問題と考えた。同書は比較人類学的視点から、なじみのある日常行為を異化し、民族誌的まなざしでもって自文化にアプローチした研究の一つである。

他方、社会学者のディヴォーは、イギリスの新中産階級を研究して、そこには旧ブルジョア階級の「まじめ」なライフスタイルも労働者階級の価値観も受け入れず、自らの味の嗜好を正当化し、食事の支度と食事を、ある種の美的感覚を伴うレジャーと見る、快楽主義的な消費傾向があることを明らかにした。さらに、女性たちは、自身の家庭仕事を、社会やグループに貢献できる仕事と自覚している、と報告している（DeVault 1991)。

そのような、生きた経験を重視するミラーやディヴォーなどの研究は、2000年代以降、西洋系諸国のフェミニストの文化批評では中心的トピックとなってきた。その基礎にあるのは、すでにジェンダーの対等性は事実上実現したとして、健康、食事の選択、家族の世話などの女性のフードワークを、社会意識の高い生産的な仕事と認識する女性が増加したことである。こうした個々人の選択だけでは、グループの活動とは言えないのでフェミニズムではないという人いるし、その他の多様な立場のフードフェミニズムもある。しかし、この動向を、19世紀の第１波と1970年代以降の第２波に続く、第３波のフェミニズム（ポストフェミニズム）と呼ぶ人もいる。さらに母親が自身のベビーにオーガニック食を与えて殺虫剤や化学薬品から守るように、不健康な食品を避けて安全で健康的な料理を食卓に出すのが、健康的で持続的な社会を目指す現代人の共通の願いであるとして、その活動を「新しい家政」（new domesticity）と主張する人もいる（Matchar 2013, Cairns and Johnston 2015：12-13, 河合 2021参照)。

フードスケープ論が環境と人間、場所と場所の対立図式よりは調和と相互性を重視し、フードフェミニズムが女性のフードワークを高く評価しはじめ、食が家庭を超えた人間の課題に変わりはじめた今日、食文化研究も次の段階に進む準備が整ったと言えるだろう。

3　今後の課題と展望

今まで、文化人類学の学説史的展開と時代背景を紹介しながら、文化論的転回とそれ以後の食文化論をめぐる、いくつかの課題を追ってきた。これらは、いずれもグローバル化とそれに伴う世界情勢、および自然環境の変化に関連がある。例えばそれは、本書では取り上げられなかったが、フードツーリズムにもよく表れている。経済・情報・交通のグローバル化に伴い、近年の日本では、外国人観光客が飛躍的に増えたが、訪日客の約７割が日本食を目的の一つにしていると報告された。しかし、今回のコロナ禍のグローバルな拡大で、フードツーリズムも食のあり方も、姿が変わると予想される。

21世紀の新たな課題として、国連加盟国が2030年までに達成をめざす、地球温暖化や貧困の解消などの「持続可能な開発目標（SDGs）」は、日本でも近年、身近な話題となってきた。自然環境の変化は、食糧問題とも関連する。地球人口は1980年に約40億人であったが、現在の約78億人（2020年）から、2050年には約97億人に増えると試算されている。地球人口の増加は、食糧自給率が現在38％（2019年）の日本にとっても、地域の生活様式と伝統農業の見直しや生産様式の再考に直結する課題である。本章の冒頭でも述べたように、かつては自然環境を「開発」（カルチャー）して克服する人間の知的能力とその成果とみなされた文化もテクノロジーも、人間と自然環境との調和と健康を実現する知的概念へと、転換が求められている。

特に文化人類学で注目されるのは、ライフ・サイエンスとの関わりである。すでに、文化論的転回の次にくるのは、人間科学の文化研究を自然科学に融合させ、知覚や行為にアプローチするライフ・サイエンスだろうとする見方もある（Bachmann-Medick 2016：29）。その一例は、神経科学と人文科学との対話である。2010年以降、文化研究の経験的手法を取り入れ、心身二元論からの脱却と、文化とバイオロジーの融合（biocultural）をめざす神経生物学の試み（biopoetics）が、すでに始まっている。また、分野融合型の研究課題（飢餓と飽食、食の安全・流通、食の6次産業化、食の文化と健康など）も注目されはじめている（生駒 2017、本章「読書案内」参照〔本章では学際的文献を主に紹介した〕）し、すでに食の人類学的視点からの試みもある（小倉 2017、沙野 2019等）。

また、2004年に栄養人類学が「食物と栄養の人類学」に改名したことは先に述べたが、自然環境や人口問題との関心から土食（geofagy）や昆虫食（etmophagy）など、かつては忌避されていた食材の文化人類学・栄養学・生物学の学際的研究の試みも、すでにみられる。それは代替肉として、来るべき食糧問題の対策にもなる可能性もある。そうした研究をめざす文化人類学のマクベスとマクランシー（Macbeth and MacClancy 2004：6-8）は、その学際的研究のモデルを、ニューギニア高地を調査したこともある進化生物学者のダイヤモンドの著書『銃・病原菌・鉄』に求めている（本章の「読書案内」参照）。彼らは、多くの歴史家は個人の決断の結果として歴史を見るが、その書は人類学、遺伝学、細胞生理学、考古学など、多くの分野の業績を集成し、人類と多様な環境との相互作用という広い視野から歴史を捉えており、その意味で人類学的でもあると考えている。

さらに、文化人類学では近年、多自然主義が話題になっている。例えば植物学でも、ライフ（life）を「基本的に記号論的なプロセス」と考えるバイオ記号論（biosemiotics）がすでに興ったが、その影響を受け、ライフの人類学を自称するコーンは、植物も人間と同様の知性と感情をもつ存在とみなし、『森は考える』（Kohn 2013, 訳；2016）を著した。その見方は、人間と菜園（作物）の関係を考える試みにも通じるだろう（Galvin 2018参照）。

すでに繰り返し述べたように、この数10年間、文化人類学は人と社会、人と物、人と自然などの二元論的区別の前提を再考する方向に展開してきた。人類学はヴィヴェイロス・デ・カストロの著書の表題『食人の形而上学』（Viveiros de Castro 2009, 訳；2015）に象徴されるように、弱肉強食的な対立原理からではなく、いわば互いの立ち位置から捕食者にも被捕食者にもなる、相互的（mutual）で脱二元論的な思考へと転換してきた。2007年には、その動向は、物質と精神、物と社会文化の単純な二元論の解消をめざす物質文化の人類学的研究において、改めて存在論的転回と呼ばれるようになった（Henare et al. 2007）。

とはいえ、上記の植物の多自然主義も存在論的転回も、突然出現してきたわけではない。すでに述べたように、1990年代前後から、それまで当然視されていた心身二元論的図式への疑問が提起され始めていた。男性と女性、支配と従属、優位と劣位などの二元対立図式を捨象して、各民族文化の全体的文脈から、その内発的な文化の創造性と論理の理解をめざすストラザーン等の民族誌学的研究も、その一例である（M.Strathern 1988, 1992他、本書の第３章１節参照）。

近年の人類学のその関心の転回も、自然環境や社会文化の急激な変化に伴う必然性から生じてきた文化論的転回の一応の到達点という面もある。言い換えると、それは、理論的転回というよりは、環境や世界の変化に伴い、現地文化を思索する生活世界に生まれ、成長し、闘い、人生を切り拓き、支え合って生きる（doing）存在（being）としての人間文化を研究する立ち位置が、改めて現代の人類学に要請されるに至ったということである。

今日のように人間の活動がグローバル化し、自然災害や疾病も地球規模での対処がますます必要となった現代では、人類全体を見渡す広い視野と同時に、その変化を経験しながらローカルに生きる人々が、それぞれの生活世界（ライフワールド）をいかに納得して生きているかについて、「真摯に受け止める」視点が求められている。くり返せば、食の人類学的研究は、現代に生きる人々のその豊かで多様な生命・生活・人生のあり方に深く関わるテーマであり、そのための重要な手がかりを与えてくれるだろう。

コラム1 極北を生きる

シベリア先住民の魚料理

大石侑香

冬が長く寒冷な極北地域では、農耕によって食糧生産をすることは難しく、人々は野生の鳥獣や海獣、魚、家畜トナカイを主要な食糧としてきた。その中でも魚は年間を通して比較的簡単に、大量に獲得できる食糧資源である。魚は沿岸の海水だけでなく、内陸の河川や湖沼の淡水においても豊かに繁殖し、人々はそれをさまざまに調理して食べている。以下では、とりわけ淡水魚好きな西シベリアの北方少数民族・ヤマル・ネネツ自治管区（本書第4章、図4－2参照）に住む、ハンティの淡水魚料理を紹介したい。

魚がなければ食事でない

西シベリアを南北に流れるオビ川の中・下流域の森林地帯に暮らすハンティは、狩猟採集と漁撈、トナカイの牧畜を複合的に営んでいる。彼らは川や湖の近くに居住し、年間を通して淡水魚を捕獲し、毎日のように魚を食べ、「魚がなければ食事でない」と言うほど、魚食を好む。

この地域に生息し、人々が利用している主な淡水魚は、陸水性のカワカマス（*Esox lucius*）、パーチ（*Perca fluviatilis*）、カワメンタイ（*Lota lota*）、フナやコイ類、遡河性魚のサケ科コレゴヌス属の淡水魚（*Coregonus muksun, Coregonus maraena, Coregonus peled*）、サケ科イトウ属の淡水魚（*Hucho taimen*）、ウラル山脈山頂付近の清流に住むサケ科テュマルス族の淡水魚（*Thymallus spp.*）、そしてオビ川とその支流を回遊するシベリアチョウザメ等である。

ハンティはこれらの魚を刺網や地引網、筌、釣具で捕獲する。漁撈は川や湖が氷で覆われる冬にも行われる。10月から降雪し始め、河川湖沼が凍結すると、氷に穴をあけて水中に刺網や筌を設置し、氷下漁を行う（写真1）。5月に雪解けして河川・湖沼が解氷すると、カワカマスやパーチ等を対象に船外機付きのボートを使用して刺網漁と筌漁、釣魚を行う。そして8月下旬から10月くらいまでは、数種類のコレゴヌス属の淡水魚（いわゆるホワイトフィッシュ）が、オビ川の支流を遡上し上流で産卵する。ハンティは次々に遡上する卵をかかえた魚を刺網と地引網で大量に捕獲し、塩漬けや干し魚、燻製といった長期保存可能な保存食を作る。冬季は気温がマイナス30～45度、ときにはそれ以下になるため、そのまま外気で冷凍して屋外の貯蔵庫で保管する。また永久凍土のある場所では、年中涼しい地下に貯蔵室を作り、そこに魚や肉を保管することもある。

写真1　冬の氷下漁撈（撮影：2016年3月、ヤマル・ネネツ自治管区にて）

最もよく作られる魚料理の調理法

調理法は簡素で、生、冷凍、煮魚、煮凝りであり、味付けは基本的に塩のみである。捕獲したての新鮮なホワイトフィッシュは、鱗を取り除いただけの状態で食卓に出され、各人がナイフで切り身にしながら塩や塩水をつけて食べる（写真２）。残った身は、細切りにして魚卵と一緒に軽く塩であえて数日間の食料にし、内臓や骨は犬猫の餌にする。

冬季は凍ったカワカマスやホワイトフィッシュをナイフで薄く削ぎ切り、塩をつけて食べる（写真３）。また、どの魚種でも塩だけで茹でた煮魚を作り、必ずそのスープも楽しむ。スープに小麦粉を加えてとろみをつけたり、ジャガイモやタマネギ、ハーブミックス、野イチゴを加えたりして味や食感を変えて食べることもある。小麦粉やタマネギ、ハーブミックスについては村の商店で購入する。さらに、スープと食べ残しを深皿に入れて一晩、涼しいところに置いておくと、固まって煮凝りができる。夏季には鱗と内臓をとった油の多い魚を身と骨の形が崩れるまで数日間かけて煮詰め、魚油をつくる。これは冬季の保存食になり、そのままスプーンですくって舐めたり、パンにつけたり、凍った野イチゴを混ぜたりして食べる。これと魚卵だけを塩漬けにしたものは、たくさん作ることができないため彼らにとっても価値が高く、来客や儀礼時に食べる特別な料理と考えられている。

拡大する魚料理の楽しみ方

現在ではロシアや中央アジアの調理方法が浸透しており、魚をミンチにしてペリメニ（ロシアの餃子）やカツレツを作ったり、小麦粉をつけて植物油で揚げ焼いたり、魚のパイを焼いたりもする。

情報インフラの整った村では、インターネットやテレビで紹介されるレシピを参照し、地元の魚で新しい料理に挑戦する者もいる。筆者が2018年に調査したある家庭では、町の商店で購入したスパイスとマヨネーズ、ケチャップ、家庭菜園で収穫したハーブ、みじん切りタマネギ等で地元の魚をマリネして炭火焼きにするという料理を取り入れていた。今後も彼らの魚の楽しみ方は拡大していきそうだ。

写真２　ホワイトフィッシュの生食（2016年９月ヤマル・ネネツ自治管区）

写真３　凍ったカワカマスの薄切り（同2016年３月）

【読書案内】

石毛直道（監修）『世界の食文化』全20巻　別巻１，農村漁村文化協会，2017
生駒俊明（編著）『「食」の研究─これからの重要課題』キヤノン財団ライブラリー，丸善プラネット〔丸善出版〕，2017
ダイヤモンド，ジャレド『銃・病原菌・鉄─１万3000年にわたる人類史の謎』（上，下巻）倉骨彰（訳），草思社文庫，2013
野林厚志・他（編）『世界の食文化百科事典』丸善出版，2021
安井大輔（編）『フードスタディーズ・ガイドブック』ナカニシヤ出版，2019

第2章

食物の生産・流通・消費

（上）：韓国・ソウルの食市場の一画、（下）：岩手県塩釜の魚市場

1 食物の生産と消費の社会史——旧大陸と新大陸をつなぐ食

1「食」という窓

「日本人にとって大豆は貴重な蛋白源であり、豆腐はひとつの文化といってよい。しかし、アメリカでは大豆は豚の餌でしかない」。これはシドニー・ミンツが大豆の調査のため1999年８月に京都を訪れ、木屋町通松原上るにある豆腐店で、筆者とともに聞き取り調査をした時の言葉である。続いて彼は、大豆についての調査を始めたこと、長らく行ってきたサトウキビや砂糖の研究と同じように、大豆や豆腐があまりに当たり前にあるものであるがゆえに真面目に考える者がいなかったことなどを、すこしだけ誇らしげに語ってくれた。

ミンツは祇園の豆腐料理を満喫したあと、「タンパク質のオーバードース（過剰摂取）」と笑いながらホテルへの帰路についた。食の文化人類学的研究の泰斗であるミンツは、その後、2015年に93歳で亡くなった。

ミンツによって「食」という窓から考察された世界は、カリブ海、奴隷制、プランテーション、グローバリゼーション、文化、権力、自由、正義、農民、市場など多岐にわたる。本章の目的は、「食べ物」と人の関係を地球大の歴史のなかで理解しようとした人類学者の研究の軌跡をたどることにある。これは、ひとえに人類学が食文化研究に果たしてきた貢献、そして人類学のもつ可能性について考えることでもある。これらの研究の始点となったのは、砂糖や豆腐などの食べ物、サトウキビや大豆などの生産や商品化にまつわる意味や文化の形成、そしてその社会的プロセスであった。以下、そうした研究の内容と意義を紹介するにあたり、ミンツが注目した食べ物や食文化、そしてグローバルな社会史を概説する。

2 文化、食べることとローカリティ

（１）ミンツに学ぶ食の人類史

京都での豆腐調査の道すがら、デパートの地下食品コーナーで試食をしながら、そして料亭で湯豆腐や田楽を前にして、ミンツは食にまつわる話をたくさんしてくれた。豆腐、納豆、味噌などとしてアジアで愛されてきた大豆は、アメリカ人にとっては油の原料か家畜の飼料でしかなく、遺伝子組み換え技術によって量産し、輸出していること、さらに、このような商品を外国に押し付けていることを常に帝国主義的に正当化していることも付け加えた。

製品となった豆腐に関しても、西洋と東洋では、その文化的価値の置き方がまったく異なること。「臭豆腐」（拼音：*chòu dòufu*）は、二硫化メチルなどに起因する刺激臭をもつが、中国南部、台湾、香港で広く食べられている。清の西太后の好物でもあったというこの豆腐の匂いは、アジアの人々にとっては独特の風味であるが、西洋の人々にとっては糞便を思い起こさせること。ちなみにミンツも、この豆腐は香港で試したとのことであった（このあと、「悪臭」をもつ食物と発酵文化の話が始まったが、ここでは割愛する。豆類の発酵については、Mintz 2008を参照のこと）。

大豆をめぐる文化・社会的認識の相違についての話は、旧世界と新世界の食べ物の違い、さらにはこれらの２つの地域が人類史のなかでいかに構造的に結びつき、複雑に絡み合ってきたかに及んだ。豆腐に始まった食文化論は、いつしか1492年のコロンブスの「新大陸発見」から現代にいたる長大な歴史時間と、アフリカ、カリブ海、アメリカ大陸、ヨーロッパ、そしてアジアを結んだ地球大の空間のなかに位置づけられていった。

（２）人類の適応プロセスとしての食文化

ミンツによれば、食文化は「ローカリティ」（特定の場所や地域）における人類の適応のプロセスと考えられる。彼の言葉を借りれば、「文化」とは「人々がある生態環境で手に入るもっとも有用な資源利用を通してつくりだす特

定のリアリティ（現実）」となる。このように特定の「場」と「文化」をペアとして考える視点は、アメリカの文化人類学の特徴ともいえる。このことは、初期の北米文化圏の地図が、トウモロコシ、キャッサバ、サーモンなど、ネイティブ・アメリカン諸民族の食の文化圏であったことからも明らかである。特定の生態環境にあわせて人々は生産の技術を育み、独特の食文化を形づくり、環境と文化、ローカリティと文化の対応関係のもとで社会関係が形成される。

人々は自然に働きかける。その働きかけの様式は、テリトリーの広さ、季節、動物相や植物相の特徴、食物の加工プロセス、保存の方法、食物の生産様式、ジェンダーや年齢による役割分化など多岐にわたり、生存基盤、技術、社会関係の束は一つの文化を生み出すことになる。しかしながら、このような「場」と「食文化」の対応関係は、地球、そして人類の歴史のなかでは、動物相、植物相、そしてなによりも人間の空間移動によってダイナミックにかたちを変えてきた。人類の歴史のなかで「食文化」と「場」の関係が大きな変化する契機となった事件がある。西暦1492年のコロンブスの「新大陸発見」である。これを境として私たちが何を食べるか、そして、誰が生産するか、さらには誰のために働くかなどの社会関係が根本的に変わっていくことになる。

3 「アメリカ大陸間生物大交差」と「コロンブス交換」

約270万年前の鮮新生（Pilocene）に起こった「アメリカ大陸間生物大交差」（Great Biotic American Interchange）では、南北アメリカ大陸がパナマ地峡の形成によってつながり、陸生ならびに淡水の動物相の大規模な移動が起こった。南米からパナマを越えて北上したのは、地上性ナマケモノ、グリプトドン、アルマジロ、ヤマアラシ、カピバラなどわずかに８属の固有種のみだが、北米からは実に15科、29属の哺乳類が南進し、生態的にも支配的な地位を獲得した。パナマ地峡を北から南に移動した動物は個体数も多く、多様化も進んだのに対して、南から北に渡った動物たちの多くは移動先での先住種との資源確保の争いに敗れ、多様化することもなかった。この「アメリカ大陸間生物大交差」が両大陸の生態系に及ぼした影響はアンバランスなものであり、鮮新世の終盤には南米固有種の大規模な絶滅が起き、実に81％の科と83％の属が滅んだ。今日南米に生息する全哺乳類の40％の科と50％の属が、この頃に北から移住してきたものの子孫であることからみてもその影響は大きい。

その後、1492年のコロンブスの「新大陸発見」を契機として、地球上ではさらに大規模かつ多様な動植物の空間移動が起きる。これが「コロンブス交換」（Columbian Exchange）である。この大陸間の交換は、地球史上で例を見ない速度で生物相の均質化を進めたため、コロンブス以降の時代を「均質新生」（Homogenocene）と呼ぶことを主張するものもいる。この結果、世界各地で人類は驚くほど同じものを食べるようになる。

コロンブスによるアメリカ新大陸の発見は、人々の生活の地球大の変化、すなわち「グローバル化」の始まりと考えることができる。人類史において馬・牛・天然痘などの旧大陸から新大陸への動き、そしてトウモロコシ、ジャガイモ、梅毒などの新大陸から旧大陸への動きは、1492年以降にはじまり加速したのである。仮に「コロンブス交換」がなければ、現在のイタリア料理はトマトを欠いたものになっていたし、ネイティブ・アメリカンのスー族は馬に乗らず西部劇に登場させられたことになる。先程から話題にしている大豆も、もともとは旧世界起源であり、アメリカ大陸には存在しなかった（表２－１）。

この大陸間の「交換」は、モノや人の新大陸と旧大陸のあいだの対等な移動でないことに注意を払う必要がある。新しい生活空間の発見は、とりも直さず、未知の資源（モノだけではなく労働力としての人間）の発見でもあった。新しい資源は、まさにグローバルに人々の生活を変え、新しいかたちの搾取や強制、さらには暴力などの制度化、大きな権力のもとでの不平等なシステムや不正義が世界に拡がる契機ともなった（山本 2017）。

「コロンブス交換」以後、人々の空間移動は加速した。ノーベル経済学賞をアフリカ系の学者ではじめて受賞した経済学者のルイス（William Arthur Lewis）によれば、18世紀から19世紀にかけての100年間に移動した人口は

表２－１　コロンブス以前の新旧両大陸における主要な作物と家畜

	旧大陸	新大陸
穀　類	コムギ、オオムギ、ライムギ、イネ、モロコシ、キビ、ソバ	トウモロコシ、センニンコク、キヌア
イモ類	タロイモ、ヤムイモ	ジャガイモ、サツマイモ、マニオク
果物類	リンゴ、イチジク、ブドウ、オリーヴ、ナシ、柑橘類	パイナップル、パパイヤ、アボカド
マメ類	ヒヨコマメ、エンドウ、ソラマメ、ダイズ、アズキ	インゲンマメ、ラッカセイ、ライマメ
果菜類	キュウリ、スイカ、ナス	
野菜類	ニンジン、タマネギ、キャベツ	カボチャ、トマト
香料・香辛料	コショウ、チョウジ、コエンドロ、ショウガ	トウガラシ
嗜好料	茶、コーヒー	タバコ、カカオ
その他の作物	サトウキビ、サトウダイコン、ワタ、バナナ、ヒョウタン	ゴム、ワタ、ヒョウタン
家　畜	牛、馬、羊、山羊、豚、ロバ、犬	リャマ、アルパカ、七面鳥、クイ（テンジクネズミ）、犬

（出典：山本 2017）

１億人にのぼったという。１年あたりほぼ100万人である。ミンツの話では、この１億人は大きく２つのグループに分けられる。すなわちヨーロッパ人とそれ以外の人々である。

ヨーロッパの人々による5,000万人の国際的な移動は、まさに移住であり、カナダ、アルゼンチン、ウルグアイ、南アフリカ、ニュージーランド、オーストラリア、アメリカ合衆国、チリなどが主な移動先であった。これらの白人移民の多くが北米や南米の、政治的に社会民主主義（social democracy）が成立していた社会に移住し、家族の名と歴史、そして自分たちは誰であるのかといったアイデンティティを代々伝え、自分たちの言語、歴史、文化を伝える学校教育をつくりあげた。

これに対する一方の5,000万人は、その多くは政治的に国家が破綻している地域や列強植民地を故郷とする人間たちであった。彼らは、アフリカ大陸、現在の中国、インドなどからカリブ海、アメリカ大陸、東南アジアの植民地（現在のマレーシア、インドネシア、シンガポールなど）に移動して労働に従事した。前述のヨーロッパ人の移民と異なり、その多くは歴史に名を刻むことはなかった。その多くは、アフリカやアジアの人々であり、Coolies、Chinks、Blackbirdsなどの侮蔑語をもって呼ばれた。その移動形態は移住というよりは強制移住や労働移動（出稼ぎ）であり、多くは奴隷や契約労働者だった。

これらのふたつの集団の海を挟んだ移動は、先に見た「アメリカ大陸間生物大交差」と「コロンブス交換」を通した動植物相と同様に、地球史のなかで稀に見る規模の人間の移動である。そこでは、さまざまな社会関係がシステムとして制度化され、地球大の構造的不平等や不正義を生み出された。この点について、「食」を１つの窓としながら、ミンツの仕事を振り返ってみたい。

4　新世界におけるプランテーション社会

植民地のコロニーへ移住したヨーロッパ人の多くは、新しく獲得された資源や土地を使って経済的な利益を得ることを考えた。そこで拡大したのが「プランテーション」(plantation)、すなわち単一商品の大規模生産システムであった。ミンツによれば、コロンブスの「新大陸発見」の10年後には既にヨーロッパ人によるプランテーション経営が新世界では始まっていたという。

この新しい生産様式は、多くの植民地で共通する以下のような特徴をもつ。まずは「モノカルチャー」という性質である。これは単一栽培を意味し、土地に一種類の作物が耕作される農業形態を指す。サトウキビに加えて、ゴム、茶、綿、コーヒー、カカオ、バナナなど様々な商品作物がプランテーションの歴史のなかで主に生産されてきた。

この生産システムのもう一つの特徴は「規模の経済」(economies of scale)と言われるものである。これは生産の規模が大きくなればなるほど利潤があがるという、プランテーション生産の本質を指す。生産量の増大に伴い、原材料や労働力のコストが減少し、収益率が上がる。

次に注目したいのが、このような商品作物生産に好適する環境が「新世界」にあったということだ。赤道を中心とした地域における降雨と太陽光は、活発な水循環や物質循環を生み、光合成を促進する。このような生態環境は植物の成長に好適な環境ということになる。

生態的要件に加えて、プランテーションを支えたのは植民者による生態環境の農業空間への転換である。白人たちは入植地で大規模な土地収奪（land grab）を行った。これを制度的に支えたのは植民地主義である。多くの列強植民地においては、現地の人々の生活空間は「無主の土地」（terra nullius）として、植民地政府による再分配の対象となった。ここで理解すべきは、これらの現地の多くの社会は、焼畑や放牧など土地運用のみで、所有の観念を欠いていたことである（東南アジアにおいて、「無主の土地」が植民地主義のもとに耕作地として分配される歴史的事例に関しては、石川 2008に詳しい）。

生産のための土地に加えて、プランテーション・システムに必要とされたのが労働力である。これには主にアフリカからの奴隷、奴隷制廃止の後には、アジアからのインド人や華人の契約労働者が用いられた。先ほど見た 2 種類の社会集団、すなわち白人と非白人による空間移動先としてのプランテーション社会が新世界のさまざまな場所で形成されることになる。

ミンツは、このようなプランテーション社会の考察のため、その生涯をかけてカリブ海を研究対象とした。その研究の優れているところは、旧大陸と新大陸、権力をもつ者ともたない者、資本家と労働者など相対する世界を常に複眼的に考察しているところだ。以下では1985年に出版され、日本語訳もある *Sweetness and Power: The Place of Sugar in Modern History*（Mintz 1985, 訳；ミンツ 1988）をテキストとしながら、何を私たちが学ぶことができるかを考えていこう。

5 ミンツの『甘さと権力―砂糖が語る近代史』

原書の副題が示すように、ミンツは本書のなかで、ごく身近な生活必需品となっている砂糖を通して近代史を再構成した。そこでは、砂糖の生産と消費を通してカリブ海とイギリスという 2 つの空間が、どのように構造的に結びついたか、この食べ物にまつわる社会と文化の長期的変化が描写されている。

元来、砂糖は西半球に存在せず、食生活のなかで主要な甘味料といえば果実や蜂蜜などに限られていた。イギリスでは、1650年代以降、カリブ海の植民地確立にともない大規模で定期的な甘味の供給源が確保されるまでは、砂糖は王侯貴族など、ごく一部の権力者だけが享受できる贅沢品であった。砂糖が珍奇な奢侈品から日常的な必需品になっていく過程は、まさに列強諸国の植民地支配や強制労働にもとづくプランテーション制度の発達に裏打ちされたものであった。

ミンツは、プランテーションにおけるサトウキビ生産からイギリス本国での砂糖消費に目を転じ、支配層の独占品であり特権階級のステイタス・シンボルとしての砂糖が労働者階級の食卓になくてはならないものになっていく様子を描く。重商主義体制のもと、植民地における生産拡大は市場への供給過剰を生みだし、本国での砂糖価格の大幅な下落を引き起こす。その結果、紅茶やジャムの普及とあいまって、砂糖はそれまで水にパンをひたすしかなかった下層労働者の大切なカロリー源となっていく。砂糖は、工場制度下の肉体労働者の血と肉になり、産業革命に必要な社会的熱量を供給することになったわけである。

ミンツの砂糖研究における卓見は、その生産（地）と消費（地）を同時に考察しているところである。多くの食べ物の研究は、しばしば「作る」か「食べる」か、どちらか一つに軸足を置く。例えば、農学研究者は、いかなる環境でどのような技術をもって食物生産が行われるかを考察してきた。また、消費地における食べ物の調理法や文化的意味を論じる研究も多い。しかしながら、さまざまな二分法 ― 新世界と旧世界、「生産」と「消費」、サトウキビと砂糖、プランテーションと都市、カリブ海とイギリス、植民地と宗主国、奴隷と農園経営者、工場労働者と資本家 ― を越えた複

写真２－１　シドニー・ミンツ氏とともに
左は筆者（石川）。米国ボルチモアにて。

眼的な視点をもつのが本書の特徴である。ミンツの食研究は、サトウキビという商品作物への注目によって、これらの関係性の束を一つのものとして考察する。その分析単位も、個人や家族、プランテーション、植民地と宗主国、そして「グローバル・サウス」と「グローバル・ノース」まで、あたかも多重焦点レンズのように、ミクロとマクロな考察対象が継ぎ目なく接合されている。砂糖の生産地であるカリブ海地域と消費地であるイギリス都市部は、連結したひとつの空間として考察され、プランテーションの奴隷たちと産業革命のもとで工場労働者になった英国の都市民がグローバルな関係性によって結ばれる。

ミンツのこのようなダイナミックな食研究は、現在の文化人類学では「商品連鎖（コモディティ・チェーン）」という鍵概念のもとで新しい研究に引き継がれている。これは、生産地と消費地を複眼的に考察し、これらをつなぐ「流通」や「供給連鎖」のなかに形成される生産システムや市場、これをつかさどる人や組織のつながり、そこに見られる生態環境、技術、社会、文化の接合動態を分析するものである。

なお、「商品連鎖」については、バナナ（鶴見 1982）、エビ（村井 1988）、ナマコ（赤嶺 2010）、マツタケ（Tsing 2015）、油ヤシ（Ishikawa and Soda 2019）などの研究を参考されたい。

6　商品連鎖の始点と終点

（1）砂糖、紅茶、そしてイギリス労働者

ミンツの食研究は、従来の村落コミュニティなど閉じた空間から分析対象を拡大したという意味で画期的である。生産地域のカリブ海と消費地のイギリス都市部、この2つの空間の比較のみならず、「コロンブス交換」以降に大きく変化した地球大の人とモノの移動、そしてこれを誘引した旧世界と新世界の権力関係など、その議論はきわめてユニークである。しかしながら、分析単位の拡大のもとでも、ミンツはミクロな現象への注目を怠らない。以

下では、イギリスとカリブ海の「食」をつなぐサプライ・チェーンの両端で起きたミクロな文化変容に注目してみよう。考察するのは、18世紀のイギリス労働者とカリブ海におけるアフリカ人奴隷の食習慣の変化である。

ミンツは『甘さと権力』のなかで、18世紀のイギリス労働者階級の消費行動に大きな影響を与えた紅茶、砂糖、煙草は、人類が初めて大量消費した産品であることを指摘する。しかしながら、この本のなかで答えられなかった疑問がある。それは、なぜこのように急激に、そしてたくさんの人々、特に労働者階級の食習慣が大きく変化したのか。ミンツは亡くなる前のいくつかの論考で、この問いを考えるための道筋を示している（Mintz 1990の第２章参照）。

まずミンツは、食の変化を考えるためにpowerとmeaningという２つの概念に注目する。以下では、powerに対しては「力」「権力」「外的な力」「構造的権力」など、meaningに「意味」や「内的な意味」などの訳を、適宜コンテキストに応じて充てる。

イギリスにおける砂糖の消費は、イギリスの海外進出と植民地征服を背景としたものであり、アフリカ人奴隷貿易の伸長と植民地におけるプランテーション農園の増加に深く結びついている。当時、本国イギリスでは、工業化、農村人口流出、そして都市化が進行していた。かつては稀少で高価な舶来の薬とスパイスであった砂糖は、この時点で安価なものとなり、その消費が拡大した。砂糖が手に入りやすいということは、それが消費される社会的な文脈や場が増えたということを意味する。砂糖は、特にココア（チョコレート）、コーヒー、そして紅茶という刺激作用をもつ飲み物との関わりを通して日常生活のリズムに組み込まれるようになり、イギリスでは特に紅茶を飲む習慣が大衆化する。

食にまつわる社会変化を考えるうえでは、砂糖を人々に身近なものとした「マクロ」な政治経済的変化と消費者の日常生活での「ミクロ」な状況を分けて考えることが大切である。人々にとって食べるという行為の意味は、外的な力と結びついた変化がすでに進行中であるときに立ち現れる。私たちが自分たちの行為に付与する意味は、他方で外的な力や権力の影響のもとにある。これは国家やグローバル化、特定のサブ・システムのなかで現れる組織的な力とかかわるものである。この大きな外的な力を生じさせるのは、個人やコミュニティを越えた制度や集団であり、より大きな経済や政治のシステム、そしてこれを運用する人々である。

これらの「力」は、労働時間、場所、食事時間、購買力、子どもの世話、余暇の間隔など、人間のエネルギー消費に関係するさまざまな事柄を規定する。個人、家族、社会集団の日々の営みにおいて、これらの構造的な力は不慣れなものを当たり前のものに変え、物質的な世界に新たな意味を授け、つつましい、とるに足らないようなモノや行為に重要な意味を付与する。どこで、いつ、どのように、誰と、何と、そして、なぜ、といったことすべてに意味が与えられ、新しい行為が古い行為のうえに上書きされ、その他の行為は忘れ去られる。かくして新しいパターンが古いパターンに置き換えられていく。

このようなミクロな意味世界の変化は、外的な力と構造的変化の制約のなかで起こる。すなわちミンツが「大変化」(グランド・チェンジ)と呼んだプロセスのもとで、食にまつわる行為に内的な意味が与えられる。重要な意味が日常生活の行為のなかに埋め込まれることこそが、まさに人類学者の語るところに「文化」の生まれるプロセスである。

ある特定の出来事や現象は、個人や集団にとって異なった意味をもつ。例えば、奴隷制と奴隷貿易は、イギリスの工場労働者や農民にとっては、より多くの砂糖の供給を意味する。しかしながら、奴隷制に基づくシステムは、プランテーション経営者、銀行家、植民地省の官吏たちにとっては別の意味をもつ。いうまでもなく、奴隷やその子孫にとっての奴隷貿易や奴隷制、そしてプランテーションでの労働の意味は、資本家や政治家たちのそれとはまったく異なる。ものごとが何を意味するのか、そしていかにものごとが起き、その結果はいかなるものか、人々の行為にどのような意味が付与されるのか―現象の原因と因果関係を考えるためには、さまざまな「意味」の弁別を心がける必要がある。

（２）食べ物の味と自由の味

サトウキビ生産のために西アフリカからカリブ海に連行された奴隷、そしてその子孫たちは、プランテーションの日常において「食べること」「味わうこと」という行為のなかに重要な「意味」を見出した。すなわち「自由」である。以下では、奴隷の意識のなかで、料理をすること、食べること、味わうことのもった意味について考えてみよう（Mintz 1996）。

ミンツによれば、アフリカ人の奴隷たちは、奴隷にされる以前に、自由が何であるかを知っていた。彼（女）らは囚われの身ではあったが、自由を記憶していた。その子どもたちは生まれながらに奴隷であったが、親の話から「自由」が何であるかを理解していたかもしれない。間違いなく重要なのは、奴隷自身が自由を希求しながら何を求めたかであり、これは日々の虐待、性的暴力、過酷な労働からの自由のみならず、移動、結婚、職業選択の自由であり、友人、着るもの、そして食べ物を選ぶ自由であった。

奴隷制時代のカリブ地域では、捕われて移送されたアフリカ人たちが、プランテーションで限界まで酷使された。そのために奴隷たちが部分的にせよ持ちこんだアフリカ文化が徹底的に歪められた。奴隷たちは惨憺たる状況のなかで生活を立て直さねばならならず、しかも馴染みのない場所で、故郷にあった社会制度や社会構造からバラバラに切り離された状態で、これを行わなければならなかった。

人間の生活のなかで、食べ物は言うもでもなく重要な位置を占める。これは過酷なプランテーションでの生活でも同様である。奴隷は何が美味しいか、そしてどのように味付けするかを知るだけでなく、次第に彼（女）らの味覚が奴隷所有者たちの味覚にも影響を与えるようになる。奴隷制社会で、主人階級は奴隷に教わった多くの食べ物を好んで食べるようになったが、食べ物を育て、集め、加工し、料理し、「カリブ料理」（キュイジン）を創りあげたのも奴隷たち自身に他ならなかった。

カリブ地域の奴隷制は1503年頃から1886年まで、ほぼ四世紀の長きにわたって存続した。奴隷貿易によって、少なく見積もっても950万人のアフリカ人奴隷が南北アメリカに渡り、そのほぼ三分の一にあたる260万人がカリブ海の島々に送られた。「コロンブス交換」以降の時代の五分の四の長さにあたる期間に、南北アメリカのきわめて小さな地域が多数の奴隷人口を吸収したのである。

奴隷にされた人々は、カリブ地域でコーヒー、タバコ、カカオ、インディゴ（藍）などのヨーロッパ市場向けの一次産品を生産する大規模なプランテーションで労働に従事した。特に多くの人々が糖蜜、ラム、砂糖を生産するサトウキビ農園に送り込まれた。例えば、1503年から1505年にかけてサン・ドミンゴ（現ドミニカ共和国）に送りこまれたのが初めてのアフリカ人奴隷であり、彼（女）らはサトウキビ・プランテーションで働かされた。1860年から70年代にキューバに密入国させられた最後のアフリカ人奴隷も同様にサトウキビのプランテーションで働かされた。実に長い間、同じことが続いたのである。

プランテーションにおいて、奴隷たちは自分たちの伝統を守ると同時に、新しい環境のなかで手に入るものを利用して独特の生活習慣を築き上げた。こうして生まれた新しい諸文化は「ミックス」や「ブレンド」の産物であると言われることが多いが、この考えをミンツは否定する。実際には、新たに生まれた文化はまったく独自のものであり、アフリカのものでもヨーロッパのものでもなく、正真正銘の「アフロ・アメリカン文化」であった。

まず奴隷たちの食べ物の起源を見てみよう。奴隷たちの食べものの起源は既に世界的な拡がりをもっていた。キャッサバやトウモロコシやピーナッツは新世界産の栽培植物だが、アフリカに伝播しアフリカ料理の一部となり、アフリカ化された後に再び新世界にもたらされた。これら3種類の植物と料理の名前をみれば、言語の適応過程がよくわかる。新世界において食べものを表わす数百の語彙がアフリカ語で、その多くが両アメリカ大陸原産の食べ物につけられたものである。ジャガイモがアイルランド料理に、トマトがイタリア料理に欠かせないものになったように、これらの食べ物は、アフリカに伝えられてアフリカ料理の一部となった。

カリブの食材の起源は、アフリカ、アジア、中東、ヨーロッパ、新世界と非常に多岐にわたっており、カリブ地域に住む人々の出自の多様性を示している。ただ、初めてこの地に到達したアフリカ人奴隷たちは、着いてしばらくは生きるだけで精一杯の状態だったに違いない。手に入る食べ物は、あてがわれたものであった。生命の維持に関わる周囲の生態環境や生活の糧となる物資は、ほとんどが目新しく馴染みのないものであったろう。このような困難な状況の下で、新たな料理を創り出すという偉業が繰り返されたのである。

奴隷制の全体像からみれば、ある作物や食べ物の起源などはとるに足らないことに思えるかもしれない。しかし、食の起源は、いかに長い時間をかけて新しい「料理」が生み出されたかを考察する重要な手がかりとなる。この過程で起きたのは、人類学者レヴィ＝ストロースが言うところの「ブリコラージュ」（はり合わせる、という意味のフランス語）の一種であった。奴隷たちは自主的にもてる能力を発揮し、手に入るものを利用することによって、自分たちの固有の文化に新しい中身と新しい形式をもたせて再構築した。

食べ物の生産における食の意味を考えてみよう。プランテーションで働く奴隷たちの大多数は、過酷な労働と劣悪な労働条件に苦しめられていた。彼らは多くの場合、農園から配給された食糧で何とか生き延びねばならなかった。輸入された食品には塩漬けのタラやトウモロコシの粉があったが、輸入は奴隷の食糧調達としてはコストがかかりすぎた。そのため、英領カリブ海地域では1807年以降、食糧の輸入が激減した。プランテーション農園内での食料生産は、奴隷労働者の一団を監督下におき、共同で自給用食糧を生産させるものだが、狭い英領諸島ではほとんど行われず、大半の英領植民地で自給用食糧生産は早々に意味を失った。その最大の理由は、奴隷たちのプランテーションでの生産性を下げるからであった。

そこで、奴隷たち自身が主な食糧生産の担い手となったのである。彼らは家族単位で、プランテーション労働以外の自分の時間を使って、自由民と自分たち奴隷が必要とする食べ物の大部分を生産した。例えば、19世紀初頭のジャマイカでは、プランテーションで働く奴隷たちは、ほとんどの食糧を農園の上手にある耕地で作っていた。作物には、サツマイモ、キャッサバ、トウモロコシ、タロイモ、調理用バナナ、サトイモ科のマランガ、キマメ、野菜、ハーブ類、それに米まであった。主な食べ物以外の作物を奴隷の小屋近くに植えることもあったが、大部分はプランテーションに適さない痩せた丘陵地に植えられた。わかっているのは、家族集団が耕作に従事したこと、主人が文句を言うことがあったにせよ、どんな作物を植えるか決めたのは奴隷自身であったこと、主人たちはおおむね奴隷の耕作地に対する用益権を認めたこと、奴隷が次第に自分たちの必要とする大部分の食べ物を自給するようになったことなどである。

アフリカ人奴隷自身の耕作地の出現は、新世界における奴隷制の予期せぬ副産物であった。奴隷の食費を減らすために農園主が命じたのが始まりではあるが、耕作地、次いで市場（いちば）が奴隷にとっての「自由」のいわば練習場となり、結果的に自由な「農民」といった社会集団が誕生する基盤となった。自分の食糧を耕作する奴隷のことをミンツは「原」農民（プロト・ペザント）と名づけている。彼（女）らは奴隷の身分でありながら、自分（と同時に主人）の利益のため自らの時間を利用して生産活動に従事し、結果的に奴隷から開放され、自由を得たときに役立つ能力を身につけたのであった。

奴隷制時代のカリブ地域の食糧分配を考えるうえで、最も重要だったのはローカルな市場（いちば）の形成である。18世紀後半のフランス領サン・ドマングや英領ジャマイカの市場では、魚介類、ホロホロ鳥、ハト、ヤギ、ブタと並んで、ヨーロッパの野菜、アフリカの根菜、新世界の澱粉製品や果物も売られていた。例えば、サン・ドマングのクルグニーという市場では、日曜日ごとに1万5,000人もの奴隷が集まって、自分たちが生産した物を売り買いしたという。市場は奴隷たちが求めるものを生産することを可能にし、料理の幅をひろげると同時に安定させる役割を果たした。市場こそが、農民の形成と食べ物に詳しい奴隷料理人の存在を可能にし、需要を創出すると同時に供給を刺激したのである。

カリブ料理の最大の特色は、現地の人々の日々の食事から生まれたことである。プランテーションで生きるアフリカ人にとり、食べることは単なる生物学的活動ではなく、まさに文化的な活動でもあった。奴隷制のもとでは、食べるというあたり前の行為も、奴隷たち自身によって再構築され、新たな構造と意味を与えられなければならなかった。奴隷制は犠牲になった人々の物質的生活を徹底的に破壊し、その文化や土地、家族や親族から人々を引き離した。しかし新世界における厳しい状況のなかでも、奴隷たちは自らの生活世界を文化的に再構築したのである。奴隷の社会で生まれたカリブ料理は、みずから食物を栽培し、料理し、味わうことに「自由」の意味を見出したアフリカ人たちの文化となったのである。

7　食文化とグローバルな社会史

私たちが食卓で口に運ぶものものすべてに長い歴史がある。それは時に大陸を超え、時に理不尽な大きなシステムのもとで生産され、時に異なった場所で新しい意味を付与される。ミンツは、このような食の多様な性格を考えるために、foodways（フードウェイズ）という言葉を使っている。この言葉は、「『生産』と『消費』にかかわる社会、文化、そして経済的な行為の総体」とされる。

本章でみたように、ミンツの食研究のひとつの特徴は、多くの歴史家が注目してこなかった人々の食の歴史や文化の変化を検討したことにある。マクロな構造のみならず、ミクロな状況における食のもつ意味の変化、それも従来の歴史学では振りかえられなかった「食べること」に光をあてた。このようなミンツの食文化研究は、まさにfoodwaysを数世紀にわたる人類の歴史とグローバルな空間のなかで考察するものである。この大きな作業においては、「食」を消費や消化する行為としてとらえ、消費されるローカリティだけを考えることは不十分である。ミンツは、つねに食べ物が生産されるシステムに注視し、そこに働く政治経済的な力学も考察する。生産のために誰が誰を働かせるか、食べ物としての熱量はいかなるシステムと経路をもって地球上を移動するのか。その熱量は何を支えてきたのか。大きな権力のもとで、いかに人々は新しいfoodwaysを獲得し、新しい意味づけをするのか。ミンツが考察する食べもの、食習慣、そして食べるという行為は、誰の行為であっても、とるに足らない些細なものであっても、そのすべてが歴史的なものであった。

ミンツの調査や研究に通底するのは、不正義（injustice）への視点であり、その対象は、エリートや富める者ではなく、歴史なき人々、そして市井の民の生活であった。本章でみたようにミンツは、産業革命期の労働者の朝の食卓やプランテーションの奴隷菜園に注目することによって、権力者や国家が残す歴史に登場しない多くの人々の文化と社会史を明らかにした。

ミンツは「すべての社会現象は、その本質において歴史的なものであり、ある時点の状況は、過去や未来から切り離された抽象的な存在ではありえない」と述べている。私たちは、日々口に運ぶ食べ物のもつ歴史を意識し、これらをとりまく生態、社会の関係や構造を深く考えることによって、この言葉をさらによく理解することができる。

【読書案内】

赤嶺淳『ナマコを歩く―現場から考える生物多様性と文化多様性』新泉社，2010
石川登『境界の社会史―国家が所有を宣言するとき』京都大学学術出版会，2008
ミンツ，シドニー『甘さと権力―砂糖が語る近代史』川北稔・和田光弘（訳），平凡社，1988
鶴見良行『バナナと日本人』岩波新書，1982
山本紀夫『コロンブスの不平等交換―作物・奴隷・疫病の世界史』角川選書，2017

■読書ノート②　サイモン R. チャースレイ■

『ウェディング・ケーキと文化史』　(Charsley 1992)

イギリス人のチャースレイが、自身の住むスコットランドの産業社会グラスゴーでフィールドワークを行ったのは、1980年代のことである。当時の文化（社会）人類学といえば、遠い異国のエキゾチックな民族の文化を調査研究する分野とされ、自国の研究は、むしろ社会学か歴史学の領域とみなされる傾向が強かった。しかし、チャースレイの本書は、自国の結婚産業の研究に目が向けられ、政治経済研究が注目される時代の初期に出版された。

まず、チャースレイは、自国の庶民の文化はあまりに日常的であるために見逃されがちなので、郷土の結婚式とウェディング・ケーキの人類学的研究は、記録する意義があると述べる（それは民俗学の主張にも似ている）。著者は、イギリスのケーキに注目し、ビスケットの特殊形態と見た構造主義者のM・ダグラスが1982年に、ある雑誌に掲載した論文で「トンガ島のカヴァの儀式も日本の茶の儀式も、（イギリスの）ウェディング・ケーキのカットと分配に比べれば影が薄いだろう」と記した言葉を引用している。ただし著者は、現象を象徴とカテゴリーのシステムとして分析するダグラスの静的な理論にも、社会を規範や規制あるいは権利義務の組織化と見る機能主義にも組みせず、文化は、複雑かつ偶発的で持続的な歴史の産物であるという、歴史主義と文化の創造性の研究を支持した。

折しも、1980年代のスコットランドでは、ウェディング・ケーキが急速に変化していた。16世紀、日曜日の協会のミサではパンとワインが配られたが、17世紀には、プラムパイ（干し葡萄パイ）が、どの儀礼にも普及した。それがやがて巨大なプラムケーキになり、18世紀には、花嫁ケーキ（スコットランドではショート・ブレッド）に発達し、それがさらに19世紀の装飾豊かな花嫁パイになった。その後、商業主義が前面に出て、次第にビクトリア朝建築を模した３層のケーキも現れた。

1980年代にはケーキを氷で覆うアイシングの技術が発達して、７層から８層のケーキも現れたという。ケーキの前での写真撮影、ケーキカットとケーキの分配と共食が、こうして現在の結婚式の定番となっている。

ミンツが『甘さと権力』を公にしたのは、1985年であった。チャースレイはその後のイギリスの食文化の変化を、アイシングなどの菓子工芸やケーキの発達を通して、よく映し出している。さらに本書は、フィールド研究より文献研究に重点があるとはいえ、その変化と現状を、「民族誌的まなざし」でもって見事に描いたのである。

【河合利光】

●同書表紙より転載

2 市場から食卓へ——食の生命倫理

1 サーモンの切り身が大海原を泳ぐ?!

「魚の絵を描いてごらん」。小学生が描いたその絵は、大海原を泳ぐ、サケの切り身だった。このエピソードの真偽は定かでないが、私たちはこのエピソードを一笑に付していいのだろうか。むしろ、この切り身化された魚の姿は、現代日本を生きる私たちにとって、一種の原風景ではないだろうか。毎日口にする、肉、野菜、魚、卵、大豆製品は、形こそ違うが、「切り身」となって私たち消費者の手元に届けられる。それらの食べ物が生まれ、生きている過程から、私たちは隔てられている。だから、冒頭の小学生の絵は、まさに、食べ物となる生き物たちと私たちとの関係を、実は鋭く、正直に描き映したものだ。サケが切り身のまま、海を泳ぐことなどない、と知っている大人たちにとっても、ふだん口にする食べ物は、たとえ、たまの休みに山河で過ごし食料を野から調達することはあるとしても、総じて、「切り身」なのだ。これが、私たちの食糧事情のリアルだ。

環境倫理学者の鬼頭秀一は、食を含む自然や環境と人間との関わりを、「切り身」と「生身」という対立概念を用いて説明した(鬼頭 1996)。それらは、人間と自然の関わりのモードによって規定される。まず、「生身」の関係とは、人間が日々の生活や生業活動を通して、自然とのトータルな関係性を築いているケースである。対して、「切り身」の関係とは、そうした関係性が切り縮められ、部分的な関わりしかもたれないケースを指し示している。

言い換えれば、「生身」とは、人間が社会的・経済的なリンクと文化的・宗教的リンクのネットワークのなかで、自然と総体的に関わりあい、その双方のリンクと不可分なかたちで、生業を営み、生活を送る状態を指す。対して、「切り身」とは、社会的・経済的なリンクと文化的・宗教的リンクによるネットワークが切断され、自然から独立した人間が、自然と部分的な関わりあいを切り結ぶ状態を指す（鬼頭 1996：122-127)。

具体例として、鬼頭は食をあげている（鬼頭 1996：127-128)。毎日、私たちは食事をするが、そこで食べる肉料理の材料は、たいていの場合、スーパーマーケットで買ったパック詰めされた肉片である。その肉のもととなった家畜が、どのように飼育され、屠殺され、いかなる流通網を辿ってスーパーまで運ばれてきたか、という一連の社会的・経済的なリンクを知らずに、それらのリンクから切り離されたかたちで、私たちは「切り身」を手にする。動物の誕生からすべて剝ぎ取られたその肉片は、まさに「切り身」として食卓に並ぶこととなる。元来、人間の「食べる」という日々の営みは、狩猟、採集、漁労、農耕などの活動によって支えられ、それらと不可分なかたちで成り立っていたが、現代の私たちと食べ物の関係性は、生活のあらゆる側面から切り離されている。

現代世界は大きくは、「生身」から「切り身」の関係性へと移行しており、この「切り身化」された食の世界は、分業体制によって成り立っている。「生身」の関係で取り結ばれていた、私たちの関係が「切り身化」しつつ、新たな食品生産・流通のグローバル・ネットワークに再編されていく様相を以下で見ていこう。

2　食卓の裏舞台にある流通システムを見渡す

（1）流通のグローバル化

食の流通とグローバル化

日本人の食は、バリエーションに富み、「多民族化」が進んでいる。近所をふらりと歩けば、いわゆる洋食屋から、中華、韓国料理、イタリアン、フレンチ、そしてエスニック料理と評されるタイやベトナム、カンボジア料理に至るまで、実に多彩な料理を味わえる。現代日本は、まさに「食のるつぼ」と化している。

料理のバリエーションのみならず、食材まで見れば1つの料理ができるまで、さらなるグローバル化を目の当たりにすることになる。『エビと日本人』（村井 1988）が刊行され、その9割を輸入に頼るエビ消費の現状がセンセーショナルに描き出されてから、30年後の2018年現在では、食料自給率が4割（農林水産省 2019）を切る状況にあり、それを一瞥しただけでも、かつてない規模で食のグローバル化が進んでいることがわかる。食材別に見ればさらに自給率は低く、例えば日本の代表的な料理の「すき焼き」の食材として、牛肉は11％、豆腐（大豆）は最も低く3％となっている（荒川 2000：114-115）。今や、私たちの食卓には、世界各地から多種多様な食料品が流れ込み、食はますますグローバル化している。

食のグローバル化とは、概して、世界規模で張り巡らされた食品需給の流通ネットワークによって担保される現象である。食品流通のグローバル化は、まずもって、生鮮食品の腐敗を防ぎ、鮮度を保ち、長距離輸送を可能にする保存・輸送技術の革新により可能となった。その結果、食べ物は生産された土地を離れて、世界規模で流通するようになったのである（Goody 1982）。

日本の築地市場を調査したアメリカの文化人類学者ベスターは、日本の寿司文化を代表するマグロなどの海産物取引が、築地を中心とするトランスナショナルな商品チェーンによって組織化される様を描き出した（Bestor 2004, 訳；2007、「読書ノート③」次頁参照）。このようなグローバルな市場・流通システムから成る「風景」を、ベスターは「マーケット・スケープ」と呼んだ。日本の食文化を代表する寿司は、今やこうしたグローバルな流通ネットワーク抜きには成立しえない。それほどまでに、私たちの「食の風景」は、国内で完結せず、グローバルに構成されており、ローカルな食文化の奥深くに入り込んでいるのだ。

基本的に、生産地と消費地の分離は進んでおり、ますます遠隔化している。魚のみならず、肉も、世界各地から運ばれてくる。例えば、独自のブタ食文化を育む沖縄とて、例外ではない。豚肉専門店が軒を連ねる沖縄の市場では、頭から尻尾の先まで、ブタづくしを堪能できるが、その肉もグローバルな流通網なしには成り立たない。沖縄在来のブタ、アグーも、アメリカ原産のデ

■読書ノート③　テオドル・ベスター■

『築地―世界の中心の魚市場』　(Theodore C. Bestor 2004, 訳 2007)

競り落とされる巨大マグロ、飛び交う隠語と業界用語。舞台は、2018年に83年の歴史に幕を閉じた世界最大の魚市場、築地。この一大市場の最初で最後の民族誌を書いたのは、アメリカ人人類学者のテオドル・ベスターである。ベスターは、築地に先立つ東京・下町の社会組織に関する博士論文を提出し、その渦中から江戸前寿司に舌鼓を打ち、いつの日かこの巨大市場を相手取り、民族誌を書く夢を見た。その夢が結実したのが本書である。

まず第1章「東京の台所」は、築地が住民や観光客にとって、重要な文化的・社会的役割を担っており、歴史的に、大都市を支えるインフラの支柱になり、物流上の要となる様が描かれる。続く第2章は、クリフォード・ギアツの「掘られた溝」という概念をもとに、築地商人たちの経済取引が、いかに「お得意さん」関係の連なりによって安定した流通網を成すかが詳論される。第3章「埋立地が築地市場に変わるまで」では、江戸・明治期の日本橋魚河岸に遡り、現在の巨大市場にまで連綿と続く築地の歴史が素描される。

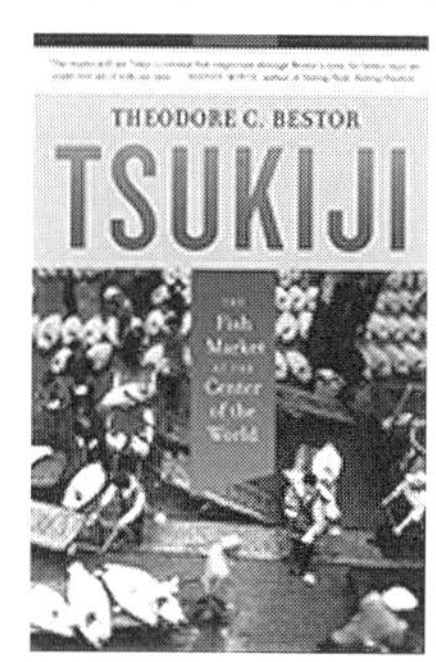

●築地の光景 (Bestor 2004：表紙より転載)

第4章「生のものと料理したものと」では、日本の食文化の特異性についての議論が展開される。そもそも、「食文化」という言葉が一般大衆によって多用されること自体が、世界的にみて珍しい日本の特徴であり、日本人の食に対する関心の高さを示している。なかでも、「生魚」の料理である刺身や寿司は、高度に洗練され、国民的アイデンティティにまで高められている。第5章「見える手」では、築地市場の中心的メカニズムである競りを取り上げ、目にも留まらぬ「手やり（競りの手さばき）」の複雑なシステムによって、高級魚が次々と競り落とされ、漁師から競り人へ、競り人から卸業者・小売業者へと流れていく様相が描かれる。第6章「家族企業」では、日の出前に商売が始まり、午前中には終え、仲間たちと食べ飲みに行くという築地独自のリズムが、商人たちの間にある種の閉鎖的で濃密な関係をつくり出しており、そのなかで若者たちの結婚相手まで探しだされるという。結果、商人たちの間には婚姻関係が張り巡らされており、そのような緊密な親族・姻族関係によって築地市場は支えられている。第7章「取引の舞台」では、「生もの」を扱うことに起因するリスクや、行き過ぎた競合を制御・緩和するために設けられた様々な制度や組合のシステムが活き活きとした筆致をもって描かれる。本書は、私たちの食卓を支える築地市場の舞台裏を描き出した良書であり、豊洲市場に移転した現在、市場文化を知る歴史書の意味も帯びている。ぜひ手にとって築地の味わいを堪能していただきたい。

【比嘉理麻】

ュロックとのハイブリッドのブタであり、それが沖縄の目玉商品に躍り出ている。どこからどこまでが沖縄固有のもので、どこからが外来のものか、線引きするのが無意味なほど、両者は分かち難く結びついているのだ。

沖縄の人々にとって、豚肉は生活に欠かせない最も重要な食べ物であり、それがグローバルに張り巡らされた流通網によって下支えされる構図が、ここにはある。そして豚肉は、生きている人のみならず、死者の好物でもある。

パプア・ニューギニアで調査したラパポート（Rappaport 1968）は、当地の「祖先に捧げるブタ」を、伝統的な生態系システムを調整・維持するメカニズムの一部として分析したが、現代沖縄の人々にとって、祖先に捧げるブタは、今や遠く離れたデンマークから空輸される肉によって支えられている。具体的に、祖先に豚肉を捧げるのは、4月の清明祭と、旧暦の盆である。特に旧盆は、正月と並んで、1年のうちで豚肉が最も大量消費される時期である。注目すべきは、沖縄の豚肉自給率は100%であるにもかかわらず、同時に、大量の豚肉が県外・国外から移入・輸入されてもいることである。この一見矛盾する現実を理解する鍵は、豚肉を買いに市場を訪れる人々の行動のなかにある。

沖縄では、大手のスーパーマーケットで取り扱う豚肉より、マチグヮーと呼ばれる市場で扱われる豚肉のほうが良質だとされており、特に祖先に供える豚肉は、マチグヮーで買うことが望ましい。豚肉料理は、各種祖先祭祀や年中行事に欠かせず、ブタの部位に関する詳細な民俗分類に基づいて、各種行事ごとに使用すべき部位の種類とその調理法が定められている。そこには、特筆すべき豚肉に対する細部にまで及ぶ、徹底したこだわりがある。

こうした豚肉に対する強いこだわりを満たすのが、マチグヮーの豚肉専門店であり、その店を切り盛りする売り手たちである。彼らの肉をさばく妙技は実に奥深く、何時間でも見惚れてしまうほどだ。熟練の包丁さばきを見ていると、肉を切るというより、肉のほうから裂けていっているようにすら映る。売り手一人ひとりによって、沖縄のブタ食文化は、今この瞬間も支えられており、かつ、グローバルな流通と、ローカルな消費文化を仲介しているのも彼ら／彼女らだ。

ご先祖様は、大腸が好き

祖先祭祀の時期が近づくと、豚肉を買い求める客で、市場はごった返す。買い物客は、肉の厚さや皮の滑らかさ、脂身と赤身のバランス、肉の断面の美しさなど、その都度、丁寧に、品定めしてから買うべき肉を決めていく。肉屋の店頭には、肉を触って品定めした後に、手を拭くタオルが掛けられており、実に多くの人がじかに肉に触れ、肉をひっくり返したりしながら入念なチェックに余念がない（比嘉 2015）。肉の表面の艶や、皮付き肉の場合は残毛処理がゆきとどいているかを見定め、肉の弾力を指で押して確かめたり、肉を回転させたりしながら、肉の断面の模様や脂身の厚さや、脂・赤身・皮の３層のバランスなどを360度舐め回すように吟味する。

買い手たちが特段、強いこだわりを見せるのが、ブタの内臓類、なかでも大腸である。大腸は、下拵え（したごしらえ）がダントツにたいへんな部位で、市場の肉屋は大量に売れゆく大腸の下準備で、てんてこまいになる。そのような大腸がどれほど大量に売れるかというと、夫婦２人で営む小規模な肉屋でも、旧盆の前は１日100kg以上売れる。大腸だけで１週間に700kg以上だ。ブタ１頭から取れる大腸の量は約４ｍで、1.2kgほどしか取れない。700kgの大腸というと、ブタの頭数に換算して、500頭以上に及ぶ。この大量に売れゆく大腸を、肉屋の売り手たちがどうやって調達しているかというと、そこに、流通のグローバル化と、それとセットで洗練された部位別流通の重要性が関わってくる。

現在、豚肉は、１頭丸ごと流通することはなく、部位ごとにあらかじめカットされて流通する。地域ごとに、部位別の売れゆきが異なるため、部位ごとに需給バランスが多地域間で調整される仕組みだ。大腸は、沖縄県内だけでまかなえず、大分県や宮崎県、中国やチリなどから輸入される。1970年代前後までの沖縄では、ブタは各家庭で１～２頭だけ自家生産され、盆や正月に屠殺し、全部位を余すことなく食べ尽くしてきた。豚肉は貴重で、一滴の血も無駄にせず、それぞれの部位に適した調理法が生み出されてきた。しかし、日本への施政権返還後、自家屠殺が禁じられ、現行の分業体制が敷かれていくなかで、豚肉は大量生産される商品となり、店頭で買うものとなった。その過程で、人々とブタの関係は「切り身化」していき、豚肉の食べ方も大きく変わっていった。ブタ１頭からとれる全部位を均等に食べ尽くす「１頭丸ごと消費」から、好みの部位だけを大量に食べる「大量部分消費」へとシフトしていったのである。市場の売り手からみて、部位別流通の利点は、人気がなく売れゆきの悪い部位（例えば、チビジリと呼ばれる尻の肉）が大量に余る事態を気にせずに、大腸などの人気が高く大量に売れる部位だけを、大量に仕入れることができることだ。

ブタのほぼ全部位を仕入れる半身肉流通から、半身肉だけでは足りない人気の高い部位を、部位別にカットした肉で補う仕入れ形態（部分肉流通）へと移行してきたのは、1980年代以降である。そのようなブタの流通・取引形態の変化が、（冷凍・冷蔵、輸送技術の革新と連動して）特定部位に特化した人々の嗜好に、際限なく応えるのを可能にしたのだ。その結果、小さな肉屋で500頭分以上に及ぶ大量の大腸が売れゆく事態が生じている。このことから、大腸食をはじめとする「部分消費」は、単なるローカルな伝統食文化や人々の嗜好の持続というより、際限ない消費を可能にする流通システムの誕生によって生み出されて創出された、新たな消費文化だといえよう。

デンマークの肉と出会う

さらに、グローバルな流通とローカルな食文化が交差する地点に、沖縄の市場の売り手がおり、彼らが結節点となり、両者の差異をうまく翻訳し、仲介する役割を果たしている局面がある。それによって、祖先祭祀に供される豚肉料理は、従来とはかなり違う形でまかなわれるようになったが、祖先の逆鱗に触れることなく、祝福されているのだ。次に取り上げるデンマーク産の肉が好例である。外国産の豚肉は、売り手の凄技によって、祖先の喜ぶ豚肉料理へと姿を変えていく。

大腸と並んで旧盆に欠かせない豚肉は、Ｂロースとグーヤー（肩甲骨の周りの肉を指す沖縄の方言）で、グーヤーは祖先をお迎えする初日の料理に欠かせない食材である。初日の迎え日（ウンケー）には、茹でた豚肉とその茹で汁で炊き込む特別なご飯、ウンケー・ジューシーを供える。その具材に最も適した部位が、肩甲骨の周りの肉グーヤーである。グーヤーは、赤身が多く軟らかい肉であり、ウンケー・ジューシーにグーヤー以外の肉を使うことは否定的に捉えられている（ただしグーヤーは、ウンケー・ジューシー以外の料理に特段好まれて使われることはない。この事情ゆえ、売り手はグーヤーを大量に仕入れて、それが売れ残ることを懸念する面がある。また１頭のブタから取れるグーヤーの量はそれほど多くない）。

こうした状況下、デンマーク産のカラーと呼ばれる肉は、沖縄の民俗分類的には、Ｂロースとグーヤーの両方がひとまとまりになった肉で、肉屋に重宝されている。Ｂロースは、祖先に捧げる汁物（シームン）や日常の使いに最も便利な部位でもあり、大腸同様、大量に売れゆく人気の高い部位である。そこで、売り手は、このカラーを大量に仕入れている。

デンマーク産のカット肉カラーは、沖縄の市場の店頭で、熟練の売り手によって、沖縄の民俗分類に即した形（Ｂロースとグーヤー）にそれぞれ切り直される。それによって売り手は、多くのＢロースを売り捌きながら、祖先に捧るのに必要な少量のグーヤーも買い手に供給することができる。そこで肉屋の売り手は、外来の豚肉カット分類を、沖縄の豚肉民俗分類へといわば翻訳しているのである。このようにして、大袈裟ではなく、まさに地球の裏側から届けられた肉が、沖縄の伝統料理や祖先祭祀に不可欠な時代を、私たちは生きている。

今や、沖縄の肉食事情は、沖縄だけでも（もちろん、デンマークだけでも）説明できない。双方の肉同士が出会い、それを媒介し翻訳することのできる肉屋の技法によって、沖縄の豚食文化は現代社会にしっかりと根をおろし、今風にアレンジされて継承されている。沖縄の「祖先に捧げるブタ」は、グローバルな流通ネットワークによってまかなわれており、今も盛大にご先祖さまたちにお供えされているのである。

（2）市場における感覚の変容

食の感覚

食べ物ほど、私たちの五感をフルに刺激し感受されるものもないだろう。そうした食べ物の感覚的な属性が変化すれば、それを食べる人間の感覚も変化する。食品のグローバルな流通は、それを食べる消費者たちの感覚変容をも引き起こす。世界規模で起きている食のグローバル化は、商品の規格化を必然的に伴うため、流通にのる食物は不可避的に均質化する。そうした商品の規格化・均質化について、ここでは、よりミクロな視点におりていき、食経験の変化を見ていこう。

現代の食と感覚をめぐる議論に先鞭をつけたのは、ギリシャの人類学者セレメタキスである。セレメタキスは、ギリシャの食品流通のグローバル化と、消費者の感覚変容の問題を取り扱った。彼女によれば、市場に出回る農産物は、農業の産業化によって画一化し、その結果、農産物の芳香や風味が稀薄になったという（Seremetakis 1994：3）。これとは対照的に、食品の「感覚の過剰化」に注目したのがハウズ（Howes 2005）である。ハウズは、食品に添加される人工香料などの例を挙げ、消費者の感覚を刺激する商品開発の事例を分析した。そこでは、商品価値を高めるため、特定の食品に過剰な感覚的特性が付加され、それによって芳香や風味の稀薄な大量生産品から差異化される。

一見、両者の議論は、感覚の稀薄化と過剰化、という正反対の方向を向いている。だが、両者の扱う現象は、むしろ補完的な関係にあると捉えられる。芳香のないレモンに、人工香料を添加し、より「レモンらしい」レモンがつくられるなど、感覚の過剰化は稀薄化を前提としている。つまり、感覚属性の稀薄な商品に、新たに感覚属性を添加する、という形で、感覚過剰な商品が生み出されており、感覚の過剰化は長距離輸送に適した食品の選別や規格化によってもたらされた稀薄化への反応として理解することができる。だが、感覚の稀薄化と過剰化という両極端に振り切れた議論枠組みは、食の産業化以降を生きる私たちの食経験を汲み尽くしているのだろうか。よりエスノグラフィックな視点から、単純な稀薄化でも過剰化でもない、別様に彩られた食と感覚の世界の一端に踏み込んでみよう。

豚肉の感覚世界

前述した沖縄の人々にとって、ブタとの関係は、感覚経験に彩られている。感覚を十全に使うことなしに、豚肉を選ぶことはできない。特に、内臓に関しては、肉よりも増して、感覚属性を把握することが尊ばれている。

市場の売り手たちは、売買に先立って、買い物客の内臓に対する強いこだわりを充たすべく、特に胃、小腸、大腸には念入りな加工を施す。なかでも、大腸は、胃や小腸より稀少性が高く、人気が高いため、入念な下拵えを行なう。具体的には、売り手は、大腸を①消臭し、②白色化する作業を行なう。まず、消臭は大腸の加工のなかで、最も重要な作業で、大腸の内側についている臭気の強い脂っこい物体を１つずつ剝がすものである。アブラを除去することで、大腸のくさみは除去できるという。このようにアブラの放つ臭気が強いために、アブラを取り除かずに大腸を食べることは、沖縄では避けられる傾向にある。次に、大量のベーキングパウダーを添加して大腸を茹でることにより、大腸は淡いベージュ色から白くなるとされる。

市場の売り手は、大腸を白色化することで、加工前には曖昧なベージュ色の胃・小腸との差異を鮮明にし、消臭することで、大腸の品質を底上げする。売り手は、とりわけ入念な加工を大腸に施すことにより、商品としての大腸と胃・小腸との感覚的な弁別特徴を明確にし、同時に大腸の商品価値を高めてもいるのである。重要なのは、売買に先立って行なわれる2種類の加工が、内臓に対して注意の向け方が異なる2種類の買い手に対応する点である。つまり、白色化という、大腸と胃・小腸の識別を容易にするための加工は、（しばしば両者を区別するだけの「目利き」をもたない）50歳代以下の若年の買い手に対して行なわれ、消臭という大腸の品質を高める加工は、（若年世代よりも鋭敏な嗅覚をもつ）70歳代以上の高齢の買い手に対して行なわれる。

まず若年の買い手は、自家屠殺（その際の内臓の洗浄・加工）の経験がなく、購入する内臓の区別もままならない。そのため、若年の買い手は売り手から、大腸と胃・小腸を識別する際の感覚の使い方、すなわち色の違いの見分け方を教えられる。色の違いがわからない買い手に対して、売り手は大腸と胃・小腸の色の違いを教え、買い手は長期の顧客関係のなかで色の見分け方を学んでいく。色の違いを説明する際に、売り手が先立って行っていた色の加工が活きてくる。大腸を白色化することで、未加工の胃・小腸との色の違いが鮮明になり、白とベージュ色という人為的に強調された色のコントラストが、2種類の内臓を区別するのに役立つのだ。

ここで売り手は、内臓の視覚的な性質について、実際には大腸と胃・小腸のあいだには、襞の模様や厚さといった複雑で多様な感覚的差異があるにもかかわらず、比較的見分けるのが簡単な、視覚の色の差異だけに焦点を絞る。それゆえ、若年の買い手は、視覚、嗅覚、触覚のなかでは視覚のみに、そして視覚のなかでは色だけに、大腸の知覚を単純化される状況にあるのである。

若年の買い手とは対照的に、高齢の買い手は、1970年代以前の自家屠殺の時代に、ブタの体内から実際に内臓を取り出して洗って、下拵えを行なった経験があり、内臓を容易に識別できる。それだけでなく、彼女たちは、積極的に陳列台の大腸を直に手に取って品定めし、加工途中の大腸に口出しすることさえある。具体的には、高齢の買い手はみな口々に「アブラ、取ってるねー？」と売り手に尋ね、かつ、必ず、自分でアブラを取っているかを手にして確かめてから大腸を購入する。彼女たちは、一口大に切られた大腸のひとかけらをつまみ、丸まって見えなくなった裏側を広げて鼻に近づけ、アブラが本当に除去されているかを実際に嗅いで判断する。さらには大腸の表面を指でこすって、ぬめりがないかを指の感触で確かめる。時には、大腸のにおい（匂い・臭い）を確かめるために、加工途中の大腸を無断でかじって、口に含んで食べる客さえいた。その女性がその後、口にした言葉は、「くさくないさ。ジョートー（上等）さ」というものであった。それほどまでに、大腸のにおいがしないことが大事なのだ。このようなにおいへのこだわりは、自家生産・自家屠殺の経験のない若年の買い手には見られない。つまり、高齢の買い手たちは、生きたブタの糞を自分の手で掃除し、また腹を開けて腸に詰まった糞を掻き出して洗った経験をもつため、「大腸＝糞」の連想から、大腸と大腸のにおいに、ここまで敏感であり、それを嫌い、徹底的に除去すべきと、強いこだわりを見せるのである。

高齢の買い手は自家生産の時代に、ブタの飼育から屠殺・解体、内臓の下拵え・調理までの連続するプロセスのなかで、自らの感覚を鍛えてきた人々である。彼女たちにとって市場は過去の経験で培った感覚を存分に活用できる場所なのである。このように、若年と高齢の買い手は、市場という同じ場所でも、豚肉と異なった感覚的な関係を築いている。

正月のにおい

高齢の買い手と大腸のにおい（匂い・臭い）との関係は、実はより多義的である。大腸のにおいは、常に否定的なにおいとして嗅がれるわけではなく、正月の記憶とも結びつく。沖縄の正月前の肉屋では、休むことなく売れ続ける大腸を補充するために、大きな鍋で大腸を茹でる作業が続き、肉屋一帯は辺り一面、大腸のにおいで充満している。そのような肉のにおいは、「ソゥグヮチ・カジャー（正月のにおい）」として嗅がれる。その傾向は、高齢の買い手に顕著である。ブタの自家生産を経験した高齢の世代にとって、正月とは、何にも増して、豚肉を食べるものであり、大腸の湯気のにおいは、不快な悪臭ではなく、なんとも懐かしい匂いなのである。

正月に、一家に１～２頭しかいない貴重なブタ（ソゥグヮチ・ワー、正月ブタ）の肉を食べた経験は、大鍋で茹でられる大腸のにおいに収斂して現れている。ここでのにおいは、食物や季節の行事と密接に結びついた記憶を喚起する、媒体となっている。それは、まさに過去と現在の生活世界を丸ごと引き受けた感覚であり、言語化の難しい、嗅覚に収斂した感覚総体の発露と解釈すべきであろう。このことは、産業化の進展によって変わりゆく感覚が、市場というフィールドを越えた豊かな生活の広がりと深みをもつことを、端的に示している。市場のにおいは、こうして人々に分業化以前の記憶を現前させ、過去と現在を繋ぎ合わせ、食経験に重層性を与えている。

3　不可視化される動物たちの生と死

（1）脱動物化と私たちの食

肉食をめぐる人間と動物との関係は、人類の歴史とともにある（野林 2018 参照）。言うまでもなく、現代社会では、かつてない規模で肉が大量消費されている。家庭での食肉の消費は流通と不可分の関係にあるが、動物の屠殺、すなわち、肉の出所である動物たちの命とその死とも深く関連がある。それについて、あらためて考えてみたい。

フランスの屠殺場を調査した人類学者ヴィアルは、「脱動物化（de-animalization）」（Vialles 1994）という概念を提起した。脱動物化によって、私たち消費者は動物たちを殺しているという事実を直視せずに大量消費が可能になる。つまり、脱動物化とは、家畜の大量屠殺を倫理的に許容させる仕掛けであり、産業社会に固有な「動物の死の不可視化」を説明する概念なのである。具体的には、これは、消費者から屠殺現場を見えなくし、かつ、目の前に並ぶ食肉が、動物の死や殺しの結果であることを直接、喚起させない仕組みを指す。私たち消費者が口にする食肉は、動物が生きていたことを想像させる部位―例えば血や毛、皮など―、すなわち「動物」の痕跡を残しておいてはならず、それらは入念に除去されなければならない。こうした手続きは、家畜の大量屠殺を倫理的に許容させる仕掛けであるだけでなく、人々の認識のうえで「食べられる肉」をつくりだすための不可欠な作業である（Vialles 1994：xiv, 5, 22）。

この脱動物化という概念は、産業屠殺制度の特徴を的確に表現したものであり、フランスのみならず、現代日本の屠殺・加工を理解するうえでも非常に有用である。以下では、具体的に、生きた動物を食肉へと転換する、屠殺・解体・加工という一連のプロセスを、家畜が脱動物化されることで肉になる商品化のプロセスとして描き出していこう。脱動物化という概念装置によって、産業的なセッティングでなされる家畜の屠殺・解体の特徴を析出するとともに、私たちがふだん口にする肉がどのようにつくられ、それと同時に、肉に対する認識や思考の枠組みも、いかにつくられているかを目の当たりにするだろう。

現在、日本に出回る家畜肉は、「と畜場法」と「食品衛生法」の管理下にある、屠殺場（食肉センター）において、獣医師による屠畜検査に合格し、そのあと決められた方法で屠殺し、解体した個体のみが「食肉」として流通する。ただし、屠殺場で行なわれる脱動物化の実践は、屠殺場の内部で完結せず、その外部の食文化的な意味の広がりや政治経済的な変動によって形づくられる（Higa 2014）。ここでは沖縄の食文化が、屠殺場のなかで施されるブタの脱動物化を方向づける様相を概観する。

写真2－2　屠殺直後に吊り上げられるブタの屠体（沖縄県名護市食肉センターにて）

はじめに、写真2－2を見ていこう。この写真をひと目見て、「肉だ」と直感する人はいるだろうか。おそらく「ブタ」か、何らかの動物の死骸に見えるはずだ。この写真に映し出されているのは、たとえ血抜きされ、死に至っていても、未だ「肉＝食肉」にはなっていない、動物の姿（をした物体）である。当たり前ではあるが、ふだん、私たちが食す「肉」は、単なる動物の死骸ではなく、生きた動物を食肉へと入念に転換し加工する作業のなかでつくられる。だからこそ、この写真は未だ「動物」の段階にとどまっており、「食べられる物＝食物」として想像できないのだ。

概して、ブタの屠殺・解体は、単に食品衛生の観点のみから規定されるわけではなく、当該地域の人々が何を「動物」とみなし、何を「肉」すなわち「食べられる物」とみなすか、という文化的な論理の問題に関わっている。重要なのは、何を「動物」とみなし、何を「食べられる物＝食肉」とみなすかは普遍ではなく、地域によって多様であり、その文化的多様性に応じて、脱動物化されるものの内実も異なってくる、ということである。具体的に、沖縄と日本の他地域を比べてみると、「動物／食肉」とみなされる部位はそれぞれ異なり、ど

写真２－３　那覇にある牧志公設市場の一画

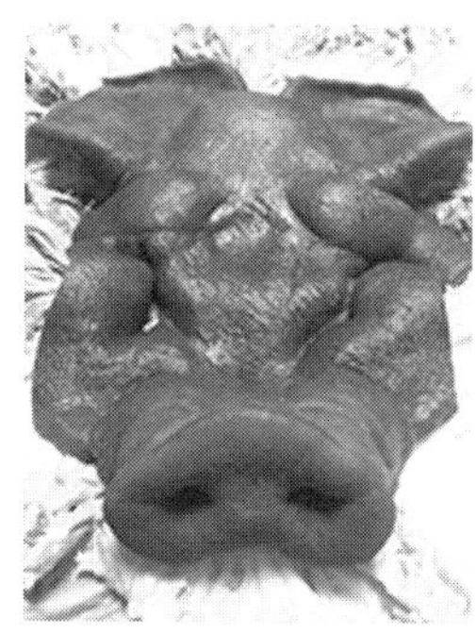

写真２－４　ブタの顔「チラガー」料理

ブタの頭はしばしば見かけるが、耳は千切りにして酢味噌を和えて、沖縄料理の一つ（ミミガー）となる。鼻は顔（チラガー）ごと軟らかくなるまで煮込んで食べると、ぷりぷりしていてとても美味しい。

の部位を「動物」として除去し、どれを残す（食す）かも異なっている（写真２－３は沖縄の食肉売り場の一例、写真２－４はブタの顔の煮付け料理）。

沖縄において、ブタの屠殺・解体は33工程から成り、それらの工程は、動物を食肉に近づける諸行為の連続として捉えられる。一連の作業のなかで、ブタは「動物性」を除去され、徐々に肉の容貌を帯びていく。ここでの動物性とは、動物であったことを連想させる部位や、食物であるという想像や考えを阻害するものを指す。そこには、動物が生きているがゆえに可能になる動きや歩行、毛や爪、性器、排泄に関わる部位や排泄物などが含まれる（比嘉 2015：148）。

具体的に、ブタは電気ショックを与えられ、仮死状態で血抜きされることで死に至るが、そのあとの血液の扱いが、沖縄と日本の他地域とでは著しく異なっている。放電後の血抜きは、ブタを屠る手段だが、沖縄においてより重要なのは、血が動物の生命そのものを象徴するだけでなく、食べ物ともされることである。血は廃棄されずに、食用として流通し、主に新年のご馳走として食される（写真２－５）。

写真２－５　ブタの血「チー」料理
左：塩を入れ、ゼリー状に凝固したブタの血。１塊当たり200円。
右：ブタの血液を使った炒め料理「チー・イリチャー」。

このように沖縄では血を食利用する文化的な要請があるために、他地域とは異なる血抜きの方法が屠殺場でとられる。血を利用しない地域では、血抜きはブタを致死させる単なる手段でしかなく、喉刺し後の血は洗い流され、「汚水」として処分される。対して、血を食利用する沖縄では、血抜きは単に生きたブタを肉へと転換する決定的な方法であるだけでなく、「食物」を取り出す行為である。喉元を刺す包丁は１頭ごとに消毒され、血は消毒済みの容器に、ブタの喉元から直接注がれる。そうすることで血は食用となる（比嘉 2015：151-152）。

ここでの血は実体的なレベルにおいて「食べるに適した（good to eat）」物であるだけでなく、認識のレベルでも「食用とみなしうる」物、すなわち「考えるに適した（good to think）」物であるがゆえに、このような地域差が生じるのである。血が「動物」のカテゴリーに入れられ、除去される他地域とは異なり、沖縄では「食べ物」として流通することには、このような含意がある。

そのほか、ブタの皮の扱いにも顕著な差がある。ブタの皮は、日本の大半の地域で、屠殺時に屠体から剝がされ、ピッグ・スキンとして皮革業者に卸され、鞄などに姿を変えるのに対し、沖縄では食用にまわる。いまや、全国的に有名になったラフテー（腹部の皮付き肉の砂糖醬油煮）や、ティビチと呼ばれる豚足料理などが、その代表である。他地域では「動物」として除去される部位が、沖縄では「食べ物」となり、当該地域の食文化の中にしっかりと根を下ろしているのである。

以上のように沖縄では皮や血は「動物」ではなく、可食部位すなわち「食べ物」として分類・認識されている。そのため、それらの部位は脱動物化の対象とならず、食肉となり流通する。一連の脱動物化＝食肉加工の過程を経て、ブタという家畜の商品化は完遂する。こうして私たち消費者は、当該地域の食文化の論理において「動物」カテゴリーに入れられるものがすべて除去された形で流通する「肉」を手に取り、口にするのだ。そのとき「動物」の痕跡がていねいに消されているがゆえ、「動物」を食べているという感触は後景に退いている。

（2）動物倫理のゆくえ

菜食という生き方

脱動物化された肉を喰らう私たちは、いわば、動物と肉の「あいだ」をある種、省略する思考を無意識のうちに育んでいる。その「あいだ」には動物たちの死と屠殺というモーメントがあり、その死は不可視化されている。大量生産される家畜たちの死の不可視化は、まさに脱動物化によって支えられており、それによって大量屠殺される動物たちへのある種の罪悪感をも消失させることができる。

私たちが肉を喰らうとき、不可視化されている動物たちの死に様や生き様を可視化し、肉食批判の理論を打ち立てたのが、シンガーをはじめとする動物倫理学者たちである。シンガーは、食用にふされる動物たちがどのような生を送っているかを可視化し、その是非を世に問うた。シンガーの主著『動物の解放』(Singer 1975, 訳；シンガー 2011）は、センセーショナルな議論を巻き起こし、動物の権利論や菜食主義者のバイブルとなっている。ここではシンガーの主張をかいつまんで概観することにする（詳細は、優れた概説書が多数出回っているため、そちらを参照されたい。例えば、伊勢田哲治 2008第1章・第6章、山内友三郎・浅井篤編 2008が参考になる)。

シンガーは、ユダヤ系のオーストラリア人で、現在、アメリカで教鞭をとる倫理学者である。彼は、人間による動物の利用として、主に動物実験と

「工場畜産」（生命を育む場所として相応しくない「工場」式の畜産が行われているとして、批判の意を込めて用いられる語）の廃止を求めており、自身は厳格なベジタリアン（肉だけでなく卵や乳製品も摂らないヴィーガン）である。シンガーによれば、動物に苦痛を与える肉食などの行為は、ヒト以外の種に対する差別、すなわち「種差別（speciesism）」（シンガー 2011：27）だとされる。動物に対して人間同等の倫理的配慮を求め、倫理の適用範囲を、ヒトだけでなく、他の種にも拡張すべきだとされる。

彼の議論は、ベンサム流の功利主義の立場から唱えられており、苦痛のない快の状態が善とされ、最大多数の最大幸福を目指すものだが、配慮すべき「他者」にヒト以外の生き物が含まれる点に特徴がある。具体的に配慮の対象とされるのは、苦しんだり、幸福を享受したりする能力や感覚（sentience）をもつすべての生き物に拡張される。現在、人間だけの利益を重視しており、その結果、動物の利益は大きく減じられている。人間の利益（肉を食べる「ささやかな」利益）を少し抑えれば、動物の利益は激増し、世界の幸福の総計は飛躍的に増大するとされる（シンガー 2011：28-30）。

現在の肉食人口を支えるには、食用家畜の大規模飼育が欠かせず、動物に苦しみを与えることなしに、その成立は不可能である。仮に小規模飼育により動物たちの苦しみを減らすことができたとしても、最終的には屠殺されるため、動物たちに苦痛と恐怖を与えることに変わりはない。ゆえに、ヒト以外の動物への配慮と、動物を食べ続けることの両立は不可能なのである。人間は、他の動物を殺さずにも生きていけるため、菜食主義（vegetarianism）を選択すべきだとされる。肉を食べ続けるという選択は、工場畜産に実質的な利益の面で加担することであり、肉や卵を食べないことで、動物の飼育から得られる利益を徐々に少ないものにすることができるのだ（シンガー 2011：第３章，201-207）。

具体的に、彼は、快苦を感じる能力の有無や強弱について、生き物たちの行動と神経系から検討し、食べることが許される境界を設ける。まず始めに止めるべきは、①工場畜産下で育てられた肉や卵であり、続いて②すべての屠殺された鳥や哺乳類、③魚、④魚以外の海洋生物のうち、カニやエビなどの甲殻類、⑤貝類、と並ぶ。上から順に、痛みを感じる度合いは低くなり、最終的に⑥野菜には痛みを感じる神経系がないゆえ、食べることが許される。シンガーは、食べてもよい物として、⑤と⑥のあいだに、線引きをしているが、①〜⑤まで均等に不可食を勧めているのではなく、番号が大きくなるほど痛みの感覚や苦しむ度合いは低くなるため、仮に食べるならば、より少ない悪を選択すべきだとしている（シンガー 2011：213-222）。（なお、⑤に関しては若干の迷いがあり、痛みの感覚の観点からはグレーゾーンで、できれば食べるのを避けるべきだとする）。

なお、シンガーに対するよくある批判として、野菜（植物）も動物と同じ命であるにもかかわらず、動物のみを不可食とするのはおかしい、動物が不可食なら植物だって不可食ではないか、というものがある。これに関しては教科書的な答えが用意されている。それは、シンガーの不可食論が、人間と動物の「生命」の共通性から論じられているのではなく、「快苦」や「痛み」の感覚の有無から論じられているゆえ、上記の批判は的外れというものだ。

シンガーは、人間と動物のあいだに、快苦を感じる能力という観点から、連続性を打ち立て、人間の生命のみを不可侵とする人間例外主義を掘り崩し、動物の解放を訴えたといえる。総じて、シンガーの理論は、秀逸で論理に穴がなく、真正面から批判を試みることは難しい。しかし、その上で、ここでは動物と人間の関係論の立場から、シンガーの議論が、実は人間と動物の関係のある種の「断絶」を前提としており、関係構築の方向には向かわず、「切り身化」時代に固有な倫理となっている点を指摘しておきたい。この問題意識から本章を締め括るにあたって、人間と動物の関係構築の可能性について問題提起をしてみたい。

肉食の倫理へ

動物倫理の新たな地平として、シンガーの議論の枠内で語られなかったこと、語られるべきだったことについて、環境倫理学者の白水士郎（2009）は、肉食の是非を問う前に、私たちが「今・ここ」で生きている文脈のなかで肉食の問題を考えることが重要だと論じた。白水は、シンガーの倫理的発想が欧米の文脈で生まれたものとして、日本の文脈でシンガーの肉食批判の議論がなされるときに生ずる固有の課題について、様々な問題を提起しており、日本において倫理とは何かをあらためて問うことが必要だとする（白水 2009：58-59）。

倫理の観念は、一見、普遍的な理念や原則に見えても、それが生まれた文化や歴史の文脈から切り離せないため、倫理の文脈依存性を重視した肉食の倫理を構想することが重要となる。ここでの倫理とは、個々人が抱いている諸々の価値観や信念、社会に定着している制度や慣習・文化的観念と複雑に絡み合い、影響を与え合うものである（白水 2009：60）。それを、例えばシンガーの動物解放論のように、意識改革や社会変革などによって一気に変えようとすることは、現実的には無理だとされる。もし倫理が変わるとすれば、特定の文化のなかの他の価値観とともに、ゆっくりと変わっていくはずだからだ。仮に人間中心主義が変わるべきなら、「私たちの文化や観念をそのように形作ってきた物理的条件や心理的制約のほうも同時に変えていくような実践」（白水 2009：60）が必要である。

例えば、現代社会において他の生き物や自然との交流を可能にする公共空間を設けることが挙げられる。それにより、それまでには無かった生き物や自然との交流が生まれてゆく。そうした新たな交流から生まれた感情や考えに、「自分なりの言葉」を与えたり、それを他者と共有したりすること。そのささやかな積み重ねにより、動物や「自然を尊重しながら生きることの喜びや充足感が芽生え、偏狭な人間中心主義を思想と実践の両面で捨て去る可能性が開かれる」のだ（白水 2009：60）。

こうして、肉食をめぐる倫理は、肉を語る多様な文脈を醸成してゆく。私たちは、自分たちがふだん食べている肉について、どれほど知っているだろうか。私たちの暮らす都市生活では、私たちと肉のつながりが見えなくなっている。肉食についての新たな倫理を創造するには、その見えないつながりを可視化し、肉を食べることの深くて広い意味を真に理解し、受けとる必要がある。本章のこれまでの記述は、そのような試みのひとつなのである。

また、菜食か肉食かの二者択一において看過されている重要な問題として、現代日本の文脈で忘れてならないのは、シカやイノシシなどの野生動物の食肉利用の問題である（白水 2009，比嘉 2018）。とくにシカは本州や北海道で急増しており、農作物の食害や森林の生態系破壊をもたらす「害獣」とされる。シカは毎年約12〜14万頭駆除されているが、現在は流通や保存法に制約があり、駆除されたシカの大半は処分され、食用はわずかにとどまっている。だが他方で、高級フランス料理のジビエの食材として、わざわざフランスからシカが空輸されるという矛盾した状況が生じているのである（白水 2009：64-65）。

駆除されたシカを食利用に回す仕組みをつくれば、農作物の食害や森林破壊の解決につながり、かつ工場畜産への依存度を低くし、結果として肉食にまつわる諸問題の軽減にもなるとされる。その一例として、北海道の高校生による、シカの調理実習と森林保護をセットで行う、食育と環境教育の両立の取り組みがあげられる。これらの実践を通して、自分と自然との関わり方や他の生き物の命を奪って生きることの意味を、深く理解できるようになる。こうした実践の一つひとつは、ささやかだが、本当の意味で一人ひとりが自分自身の問題として、よりよき動物や自然との関係のあり方について考えることを可能とする。そしてそうした実践を継続することで、「肉食／菜食の二項対立を超えて、あるいはその狭間で、人々の価値観と社会がよりよき方向へ向けてゆっくり共進化していく可能性が開かれる」（白水 2009：65）。

総じて、大規模な社会変革を前提とする肉食否定の倫理を極点におきながらも、徐々に社会的な合意を醸成し、ささやかな「変革」を積み重ねる肉食の倫理を実践することが、現実的な道筋として擁護されるだろう。肉食の倫理は、一挙に外から課すものではなく、社会の内から育てる倫理となっている。自分たちが口にする肉がどのようなもので、その元となる動物たちがどういう生を送ってきたのか、そういったことに細やかな視線を注ぐ想像力を育みながら、現実的な解決策をも模索する倫理の形もあるだろう。肉食は、私たちの生活に埋め込まれており、その生活まで含み込んだトータルな食の倫理を構想する方向性が、そこでは確かに示されている。

4 「切り身」化される食世界を生き抜くための倫理

映画『ブタがいた教室』（2008年、日活）は、私たちが毎日のように肉を食べながらも、動物を育て・殺し・さばくことに関わることがない、という事実について、あらためて考える「いのちの授業」を映し出している。実話に基づくこの映画は、6年2組の児童たちが、1頭のブタを「Ｐちゃん」と名づけ、飼育に奮闘する様子が描かれている。もちろん、飼育の目的は、みんなで食べることだ。Ｐちゃんは肉になる。その手前には、必ず、屠殺という逃れがたい瞬間が訪れる。この当たり前の事実に、児童たちは戸惑い、葛藤する。Ｐちゃんを「食べたくない」。Ｐちゃんは「食べ物ではない！」。彼らにとって、動物を育て世話をすることと、その動物を食べることは、両立しないのだ。Ｐちゃんは、なぜ普通に食べられないのか？　それは、つながりができてしまったからだ。私たちの棲まう分業社会では、動物とのつながりができてしまうと、その動物を食べられなくなってしまう。

では、この生かされたＰちゃんと、私たちはどのような関係を築いていけばいいのだろうか？　前述の動物倫理の議論を読んだ読者は、どのように考えるのだろうか？　私たちは、毎日のように肉を食べている。ただ食べるのではなく、肉の元となった動物たちに思いを馳せること、そして目まぐるしく変わりゆく現代社会のなかで、ますます複雑化してゆく人と家畜や動物との関係について、一人ひとりが考え抜くこと。答えは簡単には見つからないだろう。それでも、思考し続けること。その思考の一つひとつが、いつかは一つのうねりとなって、人と動物のよりよき世界の実現の、その端緒となるはずである。

【読書案内】

伊勢田哲治『動物からの倫理学入門』名古屋大学出版会，2008
鬼頭秀一・福永真弓（編）『環境倫理学』東京大学出版会，2009
シンジルト・奥野克己（編）『動物殺しの民族誌』昭和堂，2016
比嘉理麻『沖縄の人とブタ―産業社会における人と動物の民族誌』京都大学学術出版会，2015
安本教傳（編）『食の倫理を問う』講座人間と環境６，昭和堂，2000

コラム2 牧畜民を生きる

モンゴルのもてなし料理と儀礼食

寺尾　萌

モンゴル国の人口約320万人（2018年時点）のうちほぼ半数は首都ウランバートルに住む都市生活者で、牧畜を営む遊牧民世帯は全世帯の約25％に留まる。都市部では小麦や米、野菜の消費量が増加し、多様な食が実践されているが、地方部に限れば牧畜民世帯の割合は50％前後で、今日も人々の食生活を支えているのは家畜がもたらす乳と肉である。

牧畜民の「ごはん」は一日一食、塩味の肉汁に手打麺や米を加えて煮炊きし、椀で食べる。最もオーソドックスなのは、肉汁に手打麺を加える「汁ごはん」と、そのバリエーションとして少量の肉汁で手打麺を蒸して仕上げる「ツォイワン」（「汁なしごはん」とも呼ばれる）である。さらに蒸しギョウザや揚げギョウザ、骨付きの肉を塩味で煮込んだ「ゆで肉」がある。これらのバリエーションは内臓の調理にも適用され、食材の組み合わせはシンプルだが日ごとに異なる日常食が成立している。

接客時のもてなし料理や儀礼食も、上記のバリエーションと重なる。傾向としては、近隣からの来客であればたいてい汁椀を出し、時や距離を隔てた来客にはボーズ（蒸しギョウザ）を出す。また、年長者の特別な訪問や、親族の儀礼的訪問等にはゆで肉を出す。客人のためには四肢の肉を中心とした肉質のよい部位を選んで調理するなど、訪問者の性質や家人との関係に応じて適切なもてなし料理を選ぶことが、客人に対する表敬において重要なのである。かれらは状況に応じた食事を提供することで、そこに接客の空間を創り出しているのである。

結婚式の儀礼食

モンゴルで最も盛大な接客が行われるのは、婚姻儀礼の宴である。宴で供される肉もまた、何らかの役割をもってさまざまな儀式で用いられている。花婿側が花嫁を迎えにやってきて実家から送り出される儀式では、花嫁が婚出前の最後の食事として「ウブチュー」と呼ばれるヒツジの鳩尾の部分の肉を食べる。また、花嫁側の親族を花嫁、花婿の新しいゲルに招いて催す宴では、ヒツジの背から脂肪尾にかけての肉である「オーツ」を丸ごと蒸したものが供される。この準備のためには、脂肪尾の立派なヒツジを選んで屠る。オーツの披露と同時に行われるのは、「チュムグ」と呼ばれるすね肉の煮物を、花嫁、花婿の両親がそれぞれ１本ずつ持ち、ゲルの最上座の壁に掲げる儀式である。かつてはゲルの外へとチュムグを放り投げて双方の親族が追いかけるという様式で、新しい家族の繁栄を願ったらしいが、今日では簡略化されている。

諸儀式が済むと、ゆで肉や汁椀などのもてなし料理が客人たちに供される。このときの汁椀には肉だけでなく肉団子や野菜などが入り、準備の簡略化と見栄えのために、既成品の乾麺が用いられる。これらのもてなしの儀礼食のために宴会前に準備されるヒツジは７～８頭にも及ぶ。

接客には乳製品も欠かせない。婚姻儀礼の招待客はまず宴が催される新しいゲルの戸口で、乳の入った椀による歓迎を受ける。この椀から一口ずつ乳を口に含んでゲルの中へ入ることによって身が浄められ、また一つの椀に入った乳をともに口にすることで、共同性が高まるのだという。さらに、席について挨拶を済ませた客人たちがまずふるまわれるのは乳茶である。

牧畜民たちがつくった蒸留乳酒の酒かすを、脱水、成形、乾燥させてつくる「アーロール」は、宴席で必ず一つ以上用意される「タワク」に用いられる重要な乳製品である。タワクとは、小麦を練って揚げたスナックやパンを、縁起の良い奇数の段に積み上げ、円筒状にした台の上部や側部に、装飾の施されたアーロールや角砂糖、包み紙つきの飴などを敷き詰めたものである（アーロールを積み上げてタワクの台にすることもある）。これを主催者や主賓の座る宴席の最上座その他の席に複数備えることで、その場は日常的な生活空間から非日常的なハレの空間へと変化する。招待客や訪問客は、ここからアーロール等を少しずつ摘み、口にして、ハレの席の縁起を共有する。花嫁側の親族からもタワクをひとつ持参することになっている。祝詞や贈り物、返礼品の贈与、訓示などの諸儀式が済むと、最後に供されるのは、花嫁が新しいゲルで最初に沸かした乳茶である。この茶を飲むと、花嫁の親族たちは花嫁に最後の別れを告げ、一斉に新しいゲルから出ていく。

現代を生きる

モンゴルの婚姻儀礼の宴は、家畜の恵みを惜しみなく使って催される。だから、肉と乳製品を最も用意しやすい夏が、モンゴルの宴の季節であり、夏のあいだ人々は多くの宴に出かけ、牧畜民であれば自身や親族が主催する宴のために、肉や乳製品を調達する。都市部では、結婚宮殿と呼ばれる式場での結婚式とレストランでの披露宴を行なう様式が一般的で、儀礼と牧畜は切り離されている。伝統的な儀式も行われないのだが、「オーツ」と「タワク」は必ず用意される点や、入り口で口に含む乳、参席者にふるまう蒸留乳酒など、要所で乳製品が用いられる点は変わらない。乳製品、すなわち「白い食べ物」のイメージは、都市部でも共有され、むしろ都市で製作されるテレビCMなどでそのイメージが頻繁に再生産されることで増幅している側面さえある。これは、日常食として都市的生活にも馴染んでいる肉とは異なる側面である。今日、乳製品は都市民の「牧畜民アイデンティティ」を喚起する食になっているのかもしれない。

写真左　花嫁が参席者に「花嫁の茶」をふるまう
写真右　婚姻儀礼のタワクと親族たち。宴では楽器の演奏も

第3章

食をめぐる日常生活

写真（上）：和・華・蘭料理コンクール（長崎駅前での2017年度食の博覧会〔地域振興〕）
写真（下）：（左）71歳の誕生日（米国メイン州、提供：Bill Ezzard）
（右上）日本のお食い初め式
（右下）ギリシャの家庭料理ムサカ（右上・右下とも大阪市内にて）

1　食と身体——記憶・感覚・欲求の食文化

1　身体とライフを結ぶ食

かつて、近代科学はコミュニティの伝統よりも優れており、グローバル世界で中心となる国々の支配体制がローカルな伝統社会を従属させて、同質化が進むと信じられていた。逆に、周辺化された国家・地域は、近代国家の科学技術を導入して近代化することで、やがては、伝統的な贈与経済から商品市場へと、一直線に移行するとも考えられていた。

それに対して、食糧援助や食糧問題に関心のある開発人類学者のポチエ（Pottier 1999, 訳；ポチエ 2003）は、そうした伝統と現代、ローカルとグローバルの二項対立に基づく近代化主義は、もはや成り立たないとして、その両者のプロセス全体の原動力とは何かを問いかけた。ポチエは、アフリカのルワンダの事例から、他の作物を間作することで定期的に高い収入を与えてくれる土地を頼りにしてきた貧しい人々の、伝統的バナナ園に関する考え方と、バナナ園の農場経営をいかに組織化して合理化を達成するかを目的とするルワンダの農業専門家や役人たちとの見解の相違を、一例として紹介している。

ルワンダ政府は結局、伝統的バナナ生産区域を減反ないし禁令としたが、その結果をポチエは、その後の1994年に起きたルワンダの戦争と大虐殺の結末に、重ねて見ている。専門家たちはその紛争終了後、「ルワンダの田舎の人たちが農作物を失い、種まで口にしている有様なので飢饉になる」と報じたが、現地農民の食糧生産や入手の仕方、市場、種の貯蔵法などの実情に通じているポチエが予想したとおり、食糧難はそれほど深刻ではなく、飢饉も生じなかった（同上、訳；2003：1-12）。それは、災害に備える民衆の伝統的知恵も無視できないことを示している。ここでポチエが提起しているのは、どちらの見方が正しいかというよりは、食糧難に喘ぐ人々が生きて対策する状況把握と救済戦略のあり方の理解である。

そのエピソードは、食糧や経済の問題でも、組織的・制度的・政策的な側面だけでなく、日常生活における住民の生き方や感じ方を、内側から理解する住民の視点が必要であることを気づかせてくれる。外部から眺める社会科学的視点では、往々にして現地に住む人々の微視的な感覚（味覚・触覚・嗅覚・視覚）や記憶と欲求（飢え・愛と性など）の身体的側面を社会・政治・経済的次元から切り離し、数字や規則の論理に還元して眺める傾向がある。しかし食べて食物が身体の内外を結ぶ「食」については、身体感覚や欲求や住民の知恵とライフ（人生・生活・生命）の双方を含む、全体論的な理解が欠かせない。

2　食と健康

（1）肥満と文化

健康と体形

健康は一般に近代医療的規準で判断されるが、遺伝的・心理的・身体的な問題であると同時に社会・経済・医療などの複雑な要因が関与する。健康はまた、栄養と医療だけの問題でなく、心身・社会・生活習慣・自然環境などの調和と安定によって維持される。

したがって、健康の評価も多様である。例えば、痩せ願望は、現代の豊かになった諸国の特徴のように見えるかもしれない。事実、テレビや映画で見るスリムな美人像を理想として、ダイエットに励んだりホルモンを注射したりして、スリムな身体になるよう試みる人もいる。また、医療的規準に照らして、肥満を避ける傾向もある。しかし、肥満も痩せ願望も、時代や地域・民族を超えて広くみられる。例えば、古い時代のアテネの人々は、スリムな身体への願望が強く、痩せ薬を持つ人もいた。スパルタ人もそれに劣らず痩せ願望が強く、16世紀には食事制限のために、あえて砂を飲み込んで胃をこわした人もいたという。また、1800年代の後半にヨーロッパで流行したコルセットも、その一例である。胸から腰のラインを細く美しくするために胸に鯨の髭の紐でコルセットを巻き付けた。それによって内臓が圧迫され、骨が曲がり食事と消化が妨げられたとしても、健康よりは身体美が優先された（食とボディ・イメージについてはBryant et. al 1985：93-95等）。

他方、同じヨーロッパでも、ルネッサンス期の絵画にみられるように、豊満な女性の身体が美しいとされることもあった。痩せた身体を理想とするようになったのは、20世紀の初頭に、ある米国の保険会社が、肥満と死亡率の因果関係を発見して以後のことである。それは身体の美や健康の評価が、時代や地域・民族によって変わりうることを示している。

また同じ肥満でも、その意味は世界一律ではない。例えば、英語の肥満に相当する言葉（obesity）には強いネガティブな響きがあるが、それは精神が肉体を統制するという心身二元論的教条が発達したためである。殊に米国では、肥満を抑制するための食事制限は、心が身体を統制することを意味する。そのため肥満は、自己抑制のできない結果とされ、肥満でないことがエリートの条件ともなった（米国の肥満の民族誌は、碇 2018等）。

他方、科学的基準からすれば、日本の相撲取りの体格も逸脱している。しかし、低く評価されるどころか、現実には大きな身体が好まれる。よく知られているように、相撲部屋のちゃんこ鍋は、相撲取りの身体を強化し豊満にさせる日常食である。体形だけでなく、その大きなボディ・サイズは、もともと五穀豊穣を予祝する農耕儀礼や、日本の伝統的な宗教・儀礼的世界観・価値観と関連がある。実際、相撲は、季節に合わせた巡業や、神社での子どもの奉納相撲などの例にみられるように、地域の自然観や宗教観に深く根差している。

アンナン人の豊満の美

太らせるといえば、ナイジェリアの一民族アンナン（Annang）には、結婚前の少女を、親の屋敷の敷地内の太らせ小屋に長期間隔離する慣習がある。小屋に隔離された少女は、あらゆる種類の肉体労働を避け、重い物を持たず食べたいものは何でも与えられる。主食はキャッサバである。小屋を出るときには、その「豊満な身体の美」が公開された。女性は日常的によく動いて働くが、この小屋での経験が生涯唯一の安息の日だという（Brink 1995）。

ここでは現在形で記したが、ブリンクの調査当時、この風習は、アンナンの周辺地域も含め、すでに表向きは見え難くなりつつあった。ナイジェリアが農耕社会から貨幣経済化されキリスト教化が進むと、それは宗教的に矛盾するだけでなく、学校のないときにしか小屋へ入れず、できても密かに行うようになった。しかし、それが不要になったわけではない。もともと１日1,500カロリーほどの食事しかとらなかったアンナンの場合、太らせ小屋は、少女を妊娠させ、安産と新生児の健康を増進させる機能をもっていた、とブリンクは見ている。さらにナイジェリアの経済不況が重なると、ますます一族の生計と集団維持のための労働力の補充が必要になり、多産を促す太らせ小屋へのニーズが高まった。そのため太らせ小屋は、未婚者だけでなく既婚女性の入る不妊治療の場に変化した。

太らせ小屋は、それだけを取り出して見ると奇習のように見えるが、栄養学的・政治経済的背景とその文脈から考えると、肥満の美と健康のための単なる風習という以上に、子孫を残す必然性と生存に結びついた文化的装置のように見えてくる。

（２）肥満率の増加の理由

世界の成人肥満率

ここで、インターネットで、マクロな視点から世界の成人肥満率を検索してみよう。「世界・成人の肥満ランキング」について、WHO版（世界保健機関）やCIA版（ワールドファクトブック）などの統計がある。2008年度のWHO版を見ると、世界189の国・地域のうち、上位10ヵ国の国名と肥満率（括弧内）は、以下の通りである。

１．ナウル（71.1%）、２．クック諸島（64.1%）、３．トンガ（59.6%）、４．サモア独立国（55.5%）、５．パラオ（50.7%）、６．マーシャル諸島（46.5%）、７．キリバス（45.8%）、８．クウェート（42.8%）、９．ミクロネシア連邦（42.0%）、10．セントクリストファー・ネイビス（40.9%）。

ちなみに、日本は166位で肥満率4.5%である。この統計の10位以内は、クウェートとセントクリストファー・ネイビス（中南米西インド諸島のセントクリストファーとネイビスの2つの島から成る英連邦の立憲君主制国家）を除くと、8ヵ国がオセアニア島嶼国である。この傾向は、若干の順位の入れ替えはあるものの、CIA版（2013年度）でも変わらない。違うのは、この統計では、WHO版になかった米国領サモアがサモア独立国とは別とされて世界第1位に入ったため、クウェートが191ヵ国中10位に下がり、1から9位までが上述のオセアニア島嶼国で占められていることである。

さらに、「グローバルノート・国際統計・国別統計専門サイト」の189ヵ国の「世界の女性肥満率ランキング」（2018年）では、ナウル、クック諸島、パラオ、マーシャル諸島、ツバル、ニウエ、サモア、トンガ、ミクロネシア連邦、キリバスの順で、1位から10位までの全てが、オセアニア島嶼地域の国・地域で占められている。

遺伝的感覚と扶養行動という両面からみた生物文化論的研究（Ulijaszek and Lofink 2006：341）によると、肥満は1950年代まで目立たなかったが、1990年代には33ヵ国に成人人口の10％を超す肥満率が生じ、2006年には、4つの太平洋諸国（ナウル、トンガ、クック諸島、フレンチ・ポリネシア）で、成人人口の肥満率が40％になったという。太平洋地域では、1960年に成人肥満率は高くなり、1990年代には劇的に増え始めた。彼らはそれに対して、肥満率が1960年代から1990年代の間にほとんど変化のなかった国々のうち、特にフランス、イタリア、日本の3ヵ国は20年前の低い肥満率のままで、経済的にも食の安全性を備えた先進国であると評価している。

オセアニア島嶼地域の肥満率はなぜ高いか

それにしても、なぜオセアニア島嶼地域に肥満率の高い国・地域が集中しているのだろうか。もちろん地域差は大きいのであるが、ここで注目するのは、上記の肥満率の高いポリネシア系（クック諸島、トンガ、サモア）とミクロネシア系（ナウル、パラオ、マーシャル諸島、キリバス）の国家・地域である。ただし、フィジーはメラネシアにあるが、隣のサモア・トンガとともに、いずれもオーストロネシア語派に属し、ポリネシア文化とも共通点が多い。

肥満率（35.30％）は191ヵ国中26位である（ただし人口の40％ほどを占めるインド系その他の先住フィジー人以外の民族が統計に含まれているかどうかは不明）。

この地域の肥満率が高いことは、早くからよく知られていた。日本からは女子栄養大学を中心とする学術調査隊がトンガで栄養学的研究を行った（全国食糧振興会 1986）。トンガ人は、グローバル化による食の変化もあり栄養学的・医学的にも肥満が多いが、疾患が少なく科学的常識では測れないと見て、その原因を芋類や魚を多食する食生活に求めた。他方、自然人類学の片山一道は、石器時代にアジアからカヌーでポリネシア地域へ民族移動する過程で、寒さを防ぐため肥満になる遺伝形質が形成されたと論じた（片山 1991）。

西洋人の太平洋の探検時代から、大きな身体が名誉とされるという報告はあった。サモアの場合、伝統的には、男女とも大きくて丸い身体でゆっくり歩くのがサモア流とされたが、外国の科学的知識が普及した現在では、表向きはスリムな身体を是とするが、実際は、痩せている人を、わがまま、放縦、病的といったイメージで評価するという。例えば、しばらく前の話であるが、1990年代半ば以降、20〜30歳代の女性がエアロビクスに通うようになった。そこでダイエットとエクササイズする細身の女性は「パパラギ（白人）少女」と呼ばれ、本当のサモア人とはみなされないという（Christian 2002：190-191）。

またフィジーを調査した文化人類学者のベッカーは、個人よりは集団主義的人間関係を重視するフィジー人の道徳観にその理由を求めた。肥満よりも痩せたほうが健康的という知識は早くからあり、1980年代には栄養学的知識も加わった。ベッカーは、それでも他者に気前よく食物と食事を与え、その見返りとして他者から食物と食事を贈られるフレンドリーで社交的な人柄が好まれる結果、多食になり肥満になると説いた（Becker 1995）。

（３）健康的な体形をめぐる葛藤

そうした現地住民の価値観は、欧米式の学校教育や近代的医療知識がもっと浸透すれば、いずれスリムな身体を好むようになると考える人も多いだろう。しかし、必ずしもそれは容易ではない。一つには、都市化に伴う魚と野菜（芋類を含む）中心の食生活から、米・小麦・動物肉・缶詰などの外来食への急激な移行である。ゲワーツとアーリントンは、オーストラリアとニュージーランドから太平洋の島嶼国に輸出される、脂肪分の多い羊の胸のフラップ肉と各国の糖尿病や肥満との関係を論じた（Gewertz and Errington 2010）。

それに関する各国の反応は、禁輸にしたり受け入れられたりと事情は多様である。オセアニア島嶼国の突出した肥満率の増加を説明するには、先にふれたように、生物学的次元と社会文化論的次元とを融合的に捉え、肥満に対する住民自身の経験的意識や内的論理、および身体イメージへの理解が必要である。身体を記憶の座とみるコナトンの記憶論や、レイコフとジョンソンのイメージ図式（ゲシュタルト論）、ソーダスの体現論などについて本書の序章でも紹介したが、具体的に記憶・認識と伝統との関係を民族誌的事例で調べてみると、次のようになる。

フィジー人の場合、亀や主食のヤムイモのように太い体形を「自然」と考え、脚も太い形（日本的に言えば「大根足」）が美しく健康的な形と考えられてきた。ちょうど人体が両側の肩骨と両側の腰骨の4点で支えられ、頭・両手・足の4点から成るように、ヤムイモも亀も頭・両手（ヤムでは上腹と下腹）・足（ないし尾）の4つの側をもつとみなされる。4の数字には、支え合い、完成、協力とともに自然・当然の意味もあるが、現地の人々はそれを「神が創った」伝統的で「自然」な形と考えている（河合 2009）。言い換えれば、4辺をもつ形はトヴォ（*tovo* 人格・個性・行動・慣習・人間関係・料理などの形象全般）と呼ばれるが、頭の中の記憶もまた、脳のトヴォと呼ばれる（フィジーの健康と体形については、同書 2009：125-148, 248-51参照）。要するに、豊満な身体は彼らの伝統の理念であり、神の創った伝統的で自然な形と考えられており、スリムな身体を健康的とする近代医療の理念とは矛盾する。

3 食物の記憶と形象

（1）食の記憶と文化

食の記憶と、そのイメージの表象としての慣習・行動・人格・個性・形など（まとめて文化といってもよい）との間に、認識的な関連性のあることは、よく知られている。

例えば、１週が７日から成る理由にも様々な解釈があるが、日本でかつて公認されていた儒学（朱子学）の陰陽五行説に従えば、それは、世界秩序の統合原理である天の中心の太極から陽（太陽）と陰（月）が生じ、その男女の陰陽２気から５相（火、水、木、金、土）が生じたとする世界観につながる。いわば日曜日（太陽＝男）と月曜日（月＝女）が結婚して、その「子ども」が生まれたと見るようなものである。この５の数字は、中国医学の五臓（心臓、腎臓、肝臓、肺、脾臓）にも対応し、その自然認識が医食と健康観の基礎にある。こうしてみると、７の数字が男女結合の身体イメージとも重なる認識体系であることは明らかである。

それが和食の場合、五味「甘・酸・辛・苦・鹹（かん）」（鹹は塩辛味）、五色「白・黄・赤・青・黒」、五法は「生・煮る・焼く・蒸す・揚げる」（調理法）が基本とされる。さらに、五目煮（大豆）、五目寿司、五目飯、五目蕎麦などの五目料理は、五行理論の応用といわれている。

先述のフィジーの医療体系や味覚や健康観でも、中国医学と同様、記憶とトヴォ（慣習・行動・人格・個性・モノの形などの４の形の表象）との間の対応関係がある。世界的な観光地であるフィジーでは、近代的な政治・教育・医療制度が整備されているが、近代医療は伝統医療（トーテム、つまり氏族の祖先とされる動植物から系譜的に子孫に受け継がれた治療能力でもって、治療師が行う医療）と区別されながらも協力関係にあり共存する。伝統医療では、治療師は、祖先から伝えられた薬草（薬は「命の水」と呼ばれる飲み物の一種）でもって特定の病気のみを治療する専門をもつが、「手当」（マッサージ）で祖先の力を患者に伝える治療法に共通性がある。原則的には４枚の薬草の葉を煎じ、１日４回ずつ４日間飲むと完治すると信じられている。この場合の４は完成（完治）の形である（河合 2015：173-192）。

同様にフィジー人の味覚も辛味、酸味、塩辛味、弱い甘味、強い甘味（コーヒーや砂糖のような）の５味とされ、そのうち強い甘味が他の４味を統制する。この場合、甘味を１つの味とすると４味（完成の形）となるが、それは

「完成された」伝統の味の意味となる。

（2）食と感覚

世界三大伝統医学と呼ばれる中国医学、ユナニ医学（ギリシャ医学を起源として19世紀のヨーロッパからイスラーム圏まで広く行われていた）、アーユルベーダ（古代インドの生命哲学で、東南アジアやチベットにも影響を与えたといわれる）も、食と健康はコスモロジー（世界の捉え方）にかかわる問題である。インドでは、アーユルベーダを今では医学部で学ぶ。また上述の中国医学にも似て、人体を小宇宙と捉え、身体と自然運行のそれぞれの5要素（空気・風・火・水・土）、殊に生命力のドーシャ（風・火・水の3要素）の調和から、病気と健康だけでなく食体系も説明する。体内のドーシャのバランスに対応し、食べ物や言葉遣い、心配りが誤っていると、体液や栄養の働きが乱れて病気になると考えられている。

そうした現象を、非科学的・前近代的で、ローカルな宗教的世界観と象徴体系と見る人がいるかもしれない。それは科学の優位性を前提とする見方であるが、上記の信念が現地の人々の日常生活に浸透している認識体系であり、人々の身体・社会文化・自然の運行体系、あるいは病気観、食体系、感覚や意識など、日常の身体経験と深く関わる現象であることにも留意する必要がある。そのひとつの記憶の研究については、ブルデューやコナトンらがその基礎を築いた（序章参照）。その他、フェルナンデツ（Fernandetz 1982）はアフリカでの調査から、ポストモダニズムにより衰退してしまった民族誌研究の全体論的研究法を、記憶論で復権できると提唱した。ホルツマンも記憶を「過去に関連のある経験ないし意味の観念（notion）」と定義して、人類学とその関連分野で探求されてきた食と記憶のテーマとして、食によるアイデンティティ、食のノスタルジア、食の記憶とジェンダー、食の想起などを挙げている（Holtzman 2006：361-378）。

食と記憶の問題が本格的に論じられ始めたのは、『食事の想い出—食物と記憶の人類学』（Sutton 2001,「読書ノート④」103頁参照）を著したサットンと、食をめぐるライフヒストリーの研究から記憶を論じたクーニヤンの『トスカーナの食卓をめぐって』(Counihan 2004,「読書ノート⑥」143頁参照）以後のことといってもよい。２人はともに、先述のユナニ医学の源流とされた地中海地域（イタリアとギリシャ）を主なフィールドとした文化人類学者であった。殊に、サットンはギリシャのカリムノス島をフィールドとし、従来の諸研究を整理したうえで、「食と記憶」論をまとめて、この問題を大きく前進させた。

記憶論の意義は、変化した社会・民族・地域におけるアイデンティティや資本主義的な消費の仕方に表れる形を、総合的にアプローチできることである。サットンが依拠したのは、先に紹介したコナトンらの記憶論、セレメタキス（Seremetakis 1994, 第２章２節参照）のギリシャの感覚論、および先述のレイコフとジョンソンやソーダス等の現象学の影響を受けた研究である。記憶論は、身体と文化、類似と相違、持続と変化、過去（伝統）と現代といった西洋文化の二分法を超える。例えば、外国へ移民して行ったギリシャ人たちが、郷土の食事を思い出して、それにアイデンティティを感じるかもしれない。このように食の記憶は、過去（ギリシャの食）と現在（相互のアイデンティティ）を融合させる文化的座（site）である。それゆえ記憶論は、グローバル化により変化し断片化された社会文化の見方に、全体性を回復させる手段ともなる（Sutton 2001：75)。

（３）感覚と食の嗜好

味覚・嗅覚・触覚等の感覚が遺伝的で生来のものか、それとも遺伝的素質のうえに学習により獲得した文化が付加された結果なのかについて、多くの議論があった。現在では自然と文化は切り離せないと見る研究者が多い。例えば、うま味（MSG）は人類なら誰もが感じる自然の味であるはずであるが、日本人研究者により科学的に提示されるまで、世界的には認知されていなかった。つまりそれは、新たな味の範疇が「文化的」に認知されたことを意味する。

また食物の嗜好や選択において、私たちは栄養価や味覚だけを規準にしているわけではない。例えば、身体の健康や生存に直接必要なくとも、酒・タバコ・茶・コーヒー・カヴァ（後述）等の多様な嗜好品が享受されている（高田・栗田・CDI 2004)。あるいは、私たちにとって栄養価が高く美味しい動物肉でも、獣肉を忌避したかつての日本人は原則食べなかったし、イスラーム教徒が豚肉を好み、ヒンズー教徒が牛肉を好むことなど、現状では考え難い。信仰心の篤い人が知らずにタブーとされる食物を食べ、後でわかって嘔吐することもあるというから、それは生理現象とも文化ともいえる。また私たちになじみの深い、イクラ、たらこ、漬物、ワサビ、ウニ、海藻などの日常食を外国人に勧めてみれば、個々人の遺伝的な嗜好の違い以上に、国・民族・地域の文化差があることがわかるはずである。

中国の食とエコロジーに関心のある米国のアンダーソンは、自然環境とスパイスの嗜好との関係について「スパイスは抗菌剤的な化学物質を含むため貯蔵効果があるので、熱帯でも暑い地方ほどチリ、ハーブ、ガーリック等のスパイスを使う傾向がある」という研究報告を踏まえ、自ら調査して、スパイスと「熱い」とされる食物を好むのは、暑い地域のうちでも、特に郡部の貧困層で、人口密度が高く、食物が病気の危険要因になりやすい地域であると記している（Anderson 2005：73)。この事例は、食べ物の嗜好が、遺伝的能力や自然環境だけでなく、貧困や人口密度といった暮らし方の違い（文化）が関与することを示している。

（4）味覚と形の記憶

食文化も食生活も時代やグローバル化に合わせて変化し、一様化と多様化が同居するのが常であるが、そこに一定のリズムないし規則性が認められるのはなぜだろうか。

ピザとパスタを研究した文化人類学者のラチェクラによると、現在のイタリアには数千種のピザと数千種のパンがあるが、形の異なるパスタに同じソース、トッピング、旬のものを添えただけで、口触りも歯触りも光沢も異なるものになるという（La CeCla 2003：95-99)。

パスタの形の変化には厳格なルールがあり、エキス、チーズ、オリーブ油でつくるソースなど、パスタに付随する調味料が加えられることで変わるから、香りや形の違う無数の偏差が生まれる。またパスタは長いパスタ（円形、長方形、管状、ギザギザの形がある）と短いパスタ（円筒形、規則的管状型、貝殻形がある）に分けられるが、それぞれ地域の風習や環境の状況に合わせて、人々の心性や社会構成と世界観を映し出す。例えば、長いパスタはスパゲティのようなパスタで「夫婦」の絆を表し、パンクズ、アンチョビ（カタクチイワシの類）と相性が良いといった具合である。また同じパスタでも、乾燥しているピザは外での祝祭などの公的な活動に、湿っているパスタは家庭内の私的活動に対応する。

ラチェクラは同じ個所で、イタリアのピザと日本の寿司は形に対する考え方に共通点があると指摘する。日本の寿司は形が食材と同じくらい重要であり、ご飯の上に多様なネタ（魚肉や貝など）を乗せて味と形を変えるが、イタリアでも形の違いが味の違いをつくる。

形と味の変化から見ると、同様のことが、寿司だけでなく餅についてもいえるだろう。商業化の進んだ日本でも、地方色豊かな各地の餅が店頭に並んでいる。日本民俗学の柳田國男は、全国からデータを集めて『食物と心臓』（1977、初出 1932）を書き、「餅はもと心臓を模したものだろう」と主張した。日本の民俗（文化）を心意現象と考えていた柳田は、早くから餅の形に注目し、日本の餅の多様性を説明するために、「餅の食物としての特殊性の一つは、容易に好みの形を指定しうることではなかったかと思う」（柳田 1977：25）と述べ、身体（心臓）と餅の形の関係に、こだわったのである。さらに、円形ないし円錐形の鏡餅、三角形の握り飯、３月の節供の菱餅、巻き方が三角形である南九州のあくまき（灰汁巻き）、角巻き、あるいは沖縄の鬼餅などをあげ、餅文化の地域的多様性とともに、それらに共通の先の尖った形から、餅による心霊との交流を説き、心臓（心・身体）と霊的世界との交流という、地域を超えた共通の心性を示唆したわけである。

4　飢えと贈与——生命付与の生活経済

（1）食の欲求

食欲や性欲のような自然的欲求が、人間活動の動機の根幹に関わる問題であることを否定する人は、おそらく少ない。飢え・空腹・生殖のような生理的欲求も社会文化的認識や関係を含むライフ（人生・生活・生命）の文脈における課題であることは、早くから論じられてきた。狩猟・農耕・牧畜といった諸民族の生業と社会生活そのものが、人間のライフに関わる研究であった。実際、マリノフスキーは、生物学的欲求（ニーズ）を自身の機能主義的文化論の基本に据えていたし、氏の学生であったリチャーズも「飢えと労働」に関する民族誌的研究で、飢えと栄養は重大な課題としていた（本書「読書ノート①」19頁と本文参照）。

またパウダーメーカーは、オセアニアやアフリカの諸民族の肥満や飢えの民族誌をまとめ、食物は生物学的にも社会心理的にも重要であることを強調した（Powdermaker 1960）。殊に、メラネシアのパプア・ニューギニアの西部に住む民族の一つ、ワミラ（Wamira）を調査したカーンの研究は、飢えの古典的研究の一つである（Kahn 1986）。カーンは、生物学的欲求は知性によって馴化（抑制）されるという西洋人の共通理解が、文化人類学を含む諸科学の前提にあるが、ワミラその他のメラネシア人では生物学的欲求そのものが社会化されていると説き、さらに人間は生物学的存在であると同時に社会的存在でもあり、食物を通してその両面をコントロールすると主張した。

すでに第1章でもふれたが、中国の北京で医療人類学的研究を行ったファーカー（Farquhar 2002）も、1950年代の飢饉と飢えの記憶を現代の快楽と欲求と比較することで、欲求がいかに身体化された文化であるかを論じた。そのファーカーとほぼ同時期に、欲求の問題を記憶論から論じた、次に記すサットンの記憶の人類学が発表された。

（2）欲求の充足と贈与

ギリシャのカリムノス島の研究で、サットンは、食物へのこだわりを第2次大戦中の飢えの経験の記憶から説明した（「読書ノート④」次頁参照）。彼女は、マリノフスキーが研究したトロブリアンド諸島のクラ交易の研究（本書序章参照）以後に蓄積されたメラネシアの儀礼的食物交換の研究を踏まえ、それに伴う宴会（饗宴）が、その主催者が食物を他者に与えてもてなし、名声

■読書ノート④　デイヴィッド・E. サットン■
『食事の想い出―食と記憶の人類学』　(David E. Sutton 2001)

ギリシャの東エーゲ海にあるカリムノス島で、サットンはフィールドワークを実施した。この島は、ヨーロッパの片隅にある不毛の地である。しかし、外部から侵入する外敵と激しく戦ってきた歴史がある。米国からこの辺境の地に訪れたサットンは、米国人が前向きに生きているのに対し、過去を向いて現在を生きているようなこの島の人々の民族誌、『石に込められた記憶』(Sutton 1998) を出版した。サットンの食文化研究は、その記憶の民族誌を土台として書かれた。

サットンが『食事の想い出』で注目しているのは、メアリー・ダグラスの食事論である。ダグラスは食事体系を象徴体系と見て、その底にある隠れた意味を解読した。サットンは、それが記憶論にも通じる重要な見解であると評価する一方、ダグラスに欠けているのは想起 (remembering) であると考えた。そのためコナトン等の記憶論だけでなくレイコフとジョンソン、ソーダスの現象学的経験論（序章参照）に共感して、ダグラスの食事の文化分析よりは記憶を受け入れる心の働きである五感（視覚・聴覚・嗅覚・触覚・味覚)、特に西洋で関心の薄かった味覚と、五感を超える第六感（霊感・インスピレーション・直観）に関心をもった。

●古代ギリシャ時代から伝わるパイ作りの講習会。香辛料のサフランを入れるのが、カリムノス島の伝統工芸の特徴である。(Sutton 2001:63より転載)。

本書のもう一つの貢献は、グローバル化が進みポストモダニズム論により断片化して見え難くなった社会文化の統合性を、感覚・ノスタルジア・想起などの記憶過程の研究で再興させようと試みたことである。食の記憶は過去と未来、生者と死者、現在と将来を系統的につなぎ、逆に食事、宴会・贈与交換・宗教儀礼・生と死などを持続させる。食の記憶の問題は、そのような人類学の伝統的テーマの復活にもつながるとサットンは考えた。

サットンは同書で、食事（ご馳走）のもてなしと、その見返りを求めない「本当の贈与」によって得るギリシャ人の名誉を、ニューギニアとその周辺の島々（メラネシア）の儀礼的な競争的食物交換と比較した。そのため両者の贈与の共通点を、もてなされた側の負債の記憶とその返礼に求めた。過去にご馳走になった宴会を思い出して、来るべきゲストを迎えるために、ご馳走の準備をする。同様に、カリムノスの人々にとって、日常の食事の支度も、過去の経験とこれから予想される食事のために、自身のスキルと知性を試すものである。そこからサットンは、記憶と感覚は時空間に秩序を与え、新たな秩序を創造すると論じた。

【河合利光】

を得る機会でもあることに注目した（後述）。宴会で歓待された記憶（負債）と、その返礼のもてなしの気前良さの評価（名声・名誉）の連鎖は、ギリシャの日常の食の贈与（もてなし）と共通点があるとサットンは論じた。またその食物の授受の連鎖は、太平洋地域の資料から『贈与論』を著したモース（Mauss 1925, 訳；モース 2009）の言う、全体的社会事象（贈与・受納・返済の義務の複合組織）にも通じると考えた（「読書ノート④」103頁参照）。

時代は前後するが、サットン以前の競争的食物交換の研究は、ボアズ（Frantz Boas）の北アメリカ北西海岸に住むクワキウトルのポトラッチ（*potlach* 以前招待を受けた歓待の返礼として宴会に招き、与えてくれた以上に相手をもてなして、自身の財を破壊的に消費する儀礼）の民族誌資料を再分析したロスマンとルーベルによる『私の敵との饗宴』（Rubel and Rosman 1971）とメラネシアの競争的食物交換の民族誌についての文献研究『あなたは自身の豚を食べられない』（Rosman and Rubel 1978）の1970年代の研究にまとめられている。他にも多彩な食物交換に関する研究がある（メラネシアの初期の研究の詳細は、吉田 2020：3-66参照）が、当時の人々の関心の的であったレヴィ＝ストロースの婚姻交換による集団連帯モデルに依拠しているという偏りはあるものの、両書とも膨大な文献研究を集大成した労作である。

その後も、メラネシアの競争的食物交換の研究は人気があったが、個人・集団間の互酬性論だけでなく、食による他者の世話や、栄養と生命力の付与（life-giving）に関する報告（体液論）が注目され始めた。なかでも、上述のサットンがギリシャとの比較のために注目した民族誌は、マリノフスキーのトロブリアンド諸島のクラ交易を再調査したマン（Munn 1986）の食のもてなしの記憶と「名誉」の研究や、ニューギニア島東部高地のフア人（Hua）に関するメイグズの著書『食物・セックス・穢れ』（Meigs 1983）であった。メイグズは、体液（血、汗、性的物質などの身体サブスタンス）の生命力のヌ（*nu*）が、生産者のつくる作物のすべてに含まれていて、それが人に強さと健康を与えると論じた。例えば、敵意のある人の食物を食べると、その健康と強さが失われるし、頭が禿げるのも性交を通してそのヌが減った結果であるから、特定の食物を食べてヌを補充すればよいと、フアの人々は考えている。

早くから生命付与としての贈与について注目し、現在も影響を与え続けている『贈与のジェンダー』(M.Strathern, 1988) を著したストラザーンもまた、マリノフスキーのクラ交易以後のメラネシア諸族の食物交換の民族誌研究の進展を踏まえ、贈与をめぐる人間関係（特にジェンダー）の意味を考察した。その際、特に、社会と個人、男性優位と女性の劣位のような西洋文化的な二分法的対立の認識枠組みからではなく、フィールドの人々自身により創造された固有の内的論理に注目して、メラネシアの諸事例を研究した（後述)。その後、フォスター（Foster, 1990）やルモニエ（Lemonnier, 1995）は、ニューギニア諸族の競争的・儀礼的な食物贈与交換の研究をまとめて、ニューギニアの豚には、それを「育てた」女性の生命力（ライフ）ないしサブスタンスが含まれており、豚を与えることは、その贈り主の脂肪や血に含まれる生命力を与えて、相手を養うことであると概括している。

要するに、儀礼的贈与は、食物と財の遣り取りは伴うが、ライフないし食物と栄養を補い、扶養し合うことの儀礼的表現である。これは、先にも述べた温と冷、陰と陽が生命力を補完し合うような世界三大伝統医学の世界観にも通じ、栄養や生命力を補充し合いバランスをとる生命（体液）理論と基本的に同じである。

また、メラネシアのグッドイナフ島の『食物による闘い』を著したヤング（Young 1971）は、グループを戦隊のように敵と味方と双方の協力者に分け、受け取った以上の食物を（付け加えて）相手以上に与えて恥をかかせることを競う、競争的食物交換儀礼の民族誌を発表した。氏は、リーダーシップと社会統制を強化する法的機能から食物交換儀礼を論じた。

ちなみに、メラネシアだけでなく筆者の調査したミクロネシアのチューク（旧トラック）にも、主食のパンの実の初収穫物を首長に捧げる季節に、氏族や村同士が二手に分かれて食物贈与を競う儀礼がある。それは「敵と味方」とか「勝敗」などの戦争言葉で闘い、与えたパンの実、タロイモ、バナナなどの食物の質と量で勝敗を競い、相手以上に多く与えた側を勝ちとする点でポトラッチ的である。その儀礼は首長が指揮し、贈与交換と再分配を行う（コラム3参照、116頁)。ただしチュークでは、食物を与えて他者を養う（nurture）

ことが、あらゆる人間関係の基本的な価値なので、競争的食物交換儀礼はその表現と考えられる。筆者は、このように、食物を与えることが世話と扶養の意味をもつチュークの社会では、儀礼的食物交換は「扶養の交換」の儀礼的表現であり、上述のロスマンとルーベルのメラネシアの食物交換モデルの適用は困難であると指摘したことがある（Kawai 1987, 河合 2001：54-63）。

（3）生活経済と生命付与の食物贈与

邪視の生命理論

上述のサットンが指摘しているように、このようなメラネシアの体液論は、かつてヨーロッパのほぼ全域で信じられていた生命論に似ている。例えば、今でもスペイン、トルコ、ギリシャ地方に残るという信仰に邪視がある。それは、水、精液、ミルク、唾液などの液体は人を生かすが、それを失うことは死を意味するという信仰である。液体には量に限りがあるので、持てる人と持てない人の間に不均衡が生じる。だから、持てない人が持てる人を恨む理由がある。その嫉妬と羨望は両眼に邪視となって表れ、それが、穀物、家畜、果樹などの農作物を破壊するというものである。邪視は、恵まれない人と恵まれすぎて邪視を恐れる（王のような）人がなりやすいという。またギリシャでは加齢で顔に皺が寄るのは体内の液体（生命力ないしライフ）の減少によるとされるが、これも生命理論といえる。

確かに、欲求という観点から見ると邪視はある種の生命理論であるが、邪視が、限られた資源（体液）をめぐる駆け引きとバランス（需要と供給）、および限りのある資源の節約（economical）を前提とする論理である点で、太平洋地域とは異なる。言い換えると、ポランニーが『人間の経済』（Polanyi 1977, 訳；ポランニー 1980）で提示した、「合理的・経済学的」（フォーマル）と「実体＝実在的」（サブスタンティヴ；生活における物質的手段の供給）の2類型の経済のうち、邪視は後者に属する生活論理ではあるが、限りのある資源の駆け引きや節約を前提とする意味で、現代の経済学にも通底する見方である。それに対して、メラネシアの食物交換儀礼は、同様にポランニーの言う後者の実体＝実在的論理ではあるが、自己の利益を犠牲にして他者に資源（生命力）を付与するという意味があり、同様の意味で経済学的とは言い難い。

贈与研究では、モースの『贈与論』(1925) 以後、サーリンズ (Sahlins 1965) の互酬性 (reciprocity) や経済人類学、あるいは社会的交換論に連なる膨大な研究がある（食物分配の研究史は、岸上 2007の第1章参照)。しかしメラネシアの食物贈与は、同様に実体的＝実在的ではあるが、限られた資源をめぐる法的義務とか経済的交換というよりは、むしろ慈愛、世話、扶養、支援といった（相手以上に好意を与える)、しばしば利他主義と呼ばれる生命付与的な相互扶養のイメージに近い。その両者の違いを、次に、フィジーのケレケレ (*kerekere* ケレは依頼の意味）の慣習でもって確認してみよう（河合 2009：171-195参照)。

「物乞い」と生命付与の生活経済

かつての太平洋民族誌には、「物乞い」(begging) と呼ばれる、他者にモノを乞う「慣習」の報告が散見された。それは、非親族であっても断ることに抵抗のある要求である。1897年より10年から15年間、フィジーでは資本主義の発展を阻害する悪習であるとして新聞紙上でこの「慣習」への批判と反対運動が起こり、1905年にはその廃止を求める反ケレケレ同盟が結成された。その結果、5シリングを超える財のケレケレは違法とされた。ポストコロニアル研究の全盛時代には、ケレケレの慣習は飲み物のカヴァ（写真3－1の（1）参照）とともに、異民族や外国からの訪問者に対抗し、自らの「伝統」として政治的に誇示したりするためフィジー人によって歴史的に再構築された、変化した社会の新しい「伝統」であると論じられた。

もちろん、国際的観光地である現在のフィジーで、それらに功利的意図や経済的論理がまったくないとは言い難い。またケレケレが、宗教的・政治的意味と関係ないとも言い切れない。しかしフィジー人の説明を聞いてみると、現在でも日常生活そのものがケレケレ的であることがわかる。

例えば、フィジー語の感覚・感情・欲求に関わる言葉、聞く (*rogo-ca*)、食べる (*kana-ca*)、話す (*vosa-ca*) 等の動詞には、*-ca*（ザ；不足・悪い意味）の語尾を付けるが、それは心が「満たされない」状態の意味で、人間は欲求（生命力の不足）を充足するために行動するのだという。その生命力（*bula* ブラ）も、不足（*-ca*）が解消されると「*-vinaka*（有難う、素晴らしい、感謝）」に変わる。食べ物（*kana*）でも、不味い（*kana-ca*）食物と美味しい食物（*kana-vinaka*）の違いもブラの多少で決まる。つまり、空腹・味覚・性欲のような欲求と感覚の評価は不足（*ca*）と満足（*vinaka*）のバランスを規準として、不足があるとケレケレで補充し、逆にそれに気前良く応じて贈与すると名誉・名声が高まる。

このように、外部の人の目には物乞いや物々交換に見えるその「慣習」も、現地の人々の見方では、ちょうど液体が多い器から不足する器に移され、あるいは雨水が飲み水や水蒸気となって身体と天・陸・海を循環するような、生命循環と自然観の一部である。それをフィジー人の見方で言えば、限られた財（ゆえに貴重で価値と利益がある）の取引（交換）も贈与も、持てる側から持てない側に流れて補充される支え合いのケレケレの自然観の一部である。筆者の言葉で言えば、共通の財（資源）を互いに分有しあうことで他者に貢献し利益を得る、シェアリング・エコノミーに近い。

5　異なる食文化をいかに理解するか——「食事と宴会」のひとつの見方

今まで、食と身体の諸問題、つまり体形と健康、記憶と感覚、欲求とその充足（食の贈与交換を含む）などについて紹介してきた。それらは、いずれも生物学的身体の問題であると同時に、ライフと社会文化秩序の全体の文脈における食行動をめぐる現象でもある。

全体論的文脈から住民の視点に沿って現地文化を捉えるその見方は、新しいとは言えないが、近年、存在論と呼ばれ、あらためて注目されている。それは、1980年代における、文化の断片化、伝統の消失と政治性、過度の歴史的構築主義への反動であるだけでなく、フィールドワークを問い直すポストコロニアル転回の帰結という面もある（本書第1章参照）。その立ち位置は多様であるが、ここで強調したいのは、その帰結というのは、伝統的テーマと地域を、都市的でモダンな研究に移すことを必ずしも意味しないことである。

簡潔にそれを解説するのは困難なので、ここで抽象的に解説するよりは、その先駆的業績の1つと評価される既述のストラザーンの古典的名著『贈与のジェンダー』(M.Strathern 1988) を取り上げ、その基本的見方の一端を紹介するに留めたい。その際、同書で使われた「相互性 (mutuality)」「多元性 (plurality ないしduality)」「同形反復 (replication)」「双数 (duo)」等のキーワードの意味を、同書と同じメラネシアの一画にあり筆者にも馴染の深い、フィジー人の「食事と宴会」の事例を通して具体的に示すことにしたい (後述)。ささやかなレッスンにすぎないが、少なくともフィールドのデータを重視する意義と重要性、およびその着想の他文化との比較可能性は、十分伝えてくれるだろう (ちなみにストラザーンはそこで得たアイデアをもとに英語圏を含め、多様な問題を提起した)。

以下に示す宴会・儀式と日常の食事の座順は、かつてのフィジーの研究書では、男性の首長・家長が支配する身分階級制的な封建社会の証拠と報告されてきたものである。ここで比較論的に注目されるのは、男性/女性、文化/身体、社会/個人、文化/自然などの、対立図式を前提とする研究者側の存在論を避け、現地の人々の目線からメラネシア固有の内的複合性 (complexity) と創造性を全体の文脈から研究する、ストラザーンの姿勢と着眼点である。

(1) 相互性と多元性

集団主義的とレッテルを貼られることの多いフィジー人の人間関係の特徴を確認するため、まずその固有の知識体系である人称関係 (図3－1参照) を検討したい。図の私の側 (一人称の側) は、私を起点として私を包み込みながら、私たち2人、私たち少数 (3人程度)、私たち多数 (4人以上) に4区分される。同様に、私に対するあなたの側 (二人称の側) は、あなたを起点として、あなたを包み込みながら、あなた方2人、あなた方少数、あなた方多数に4区分されている。また、私の側とあなたの側の中間には、あなたの側を排除して「私の側とあなたの側」を1つに結ぶ第三のつながりがある。ストラザーンは、そのようなつながりを「双数 (duo 一対)」と呼び、多元的と考えている (それも4区分される) (Strathern 1988：274-288，河合2015：137-139)。

人称関係にみるフィジー人の宴会と歓待

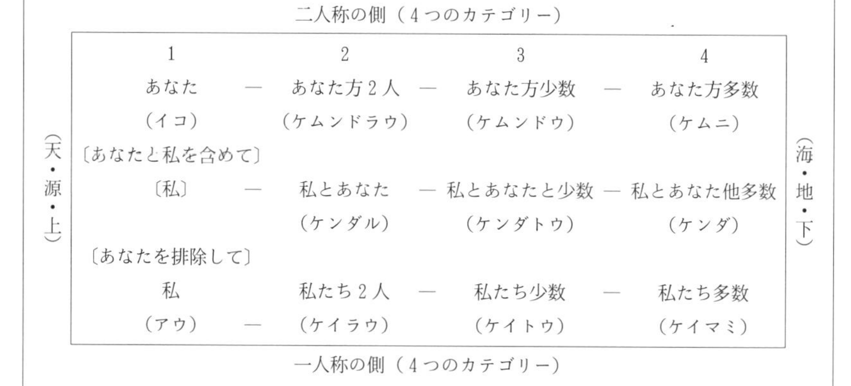

図3－1　フィジー人の人称関係

筆者（河合）作成。三人称は「人々（*ira*）」で表される（詳細は菊澤 1999, シュッツ Schütz 1985参照)。図3－1の人称関係を相互性の認識図式とすると、それは集会・宴会・食事などの会場の座順の配置と一致する。原則として、集会場の天の側（上座）が首長・司祭・ゲストの座で、その反対（下座）が海と陸地の側に対応する（本文参照)。仮に、この図式を宴会場と見て、招かれたゲストが海の彼方からボートに乗り、ここを訪問してきたとする。その際、ゲストは、図中の二人称に当たる向こう側（あなたの側＝海側）から来て一人称の側（私の側＝陸地側に相当）の住民に迎えられることになる。

実際は複雑であるが、簡略化して言えば、ゲストはその両側の中間の浜（図の中間の人称ライン）でボートを下り、ホストである陸の人々（一人称の側）と握手し、迎えの人に連れられて図の建物の右手の入り口（海の側）から会場に入って、上座（首長の座のある側、図の〔私〕の座）の首長と対面し、持参したカヴァの根を首長に捧げる。その贈答の儀礼の後、そのカヴァの根を杵と臼で砕いた粉末を水に溶かしたカヴァ（アルコール分はないが彼らは「酒」と呼ぶ）での歓迎の宴となる（写真3－1）（ただしその過程は、相互の身分や立場、島間・氏族間の伝承等により微妙に異なる。詳細は、河合2015：53-83参照)。

同様に、フィジーでも「世界のすべてが対（双数）になる」と考えられている（河合 2009：271-2)。それをストラザーンの言葉に言い換えれば、「私」も「あなた」も複数のグループの一員として包摂され、同時に個別（particular）の身体が集合的（collective）身体の一部でもある。また、個人は複数の生命を生む源となるが、その複数（plurality 多元）の生命・身体は１つに統合（unity）され、その１の数は複数を「生む」基礎になる。１にして多、多にして１の原則は図３－１の人称関係そのものに表されている（Strathern 1988：274-288参照)。その贈与も男女のつながりも、「私」と「あなた」、集団と個人の二項対立図式（西洋的個人主義）では理解が難しい。

（２）食物の贈与交換とジェンダー

再び、図３－１を認識図式として、その図にインフォーマントが筆者に語った屋根のイメージを重ねてみよう。すると一人称と二人称の中間の双数が、屋根の棟（稜線）に対応することがわかる。逆に言えば屋根の頂点の棟はそ

（１）男性の側（カヴァを飲む人々）

（棟に相当）

（２）女性の側（食事をする人々）

写真３－１　中学校進学のための全国統一試験の受験生を応援する関係者

の両側から家を包んで支えるが、それは上から家族全体を包んで（束ねて）支える祖父母（子孫の命の源）と同じとみなされる。そのため、棟は祖父母の尊称でもあるドカ（*doka*）と呼ばれている。住民による筆者へのその説明をストラザーンの言葉で言えば、フィジー人の夫婦関係は、家長（男）と主婦（女）、支配と従属、中心と周辺、文化と自然、社会と個人のような西洋的対立図式とは異なる「相互性」をもち、身体と性は別（dividual）でも、屋根の棟（ドカ）のように結ばれて一体となる不分割（in-dividual）の関係にもなる。

繰り返せば、写真３－１は、両側の屋根が中央の棟（ドカ）を支えるイメージを表象している。いずれの写真もハイスクール進学のため行われた全国統一試験の当日、会場の小学校（８年制）で受験生を支援する親族・関係者たちである。

まず、写真（１）は、教員住宅の一室を借りてカヴァを飲む男性親族の様子である。また写真（２）は、教室の一室で共食する女性親族と未婚の子どもたちである。両側の写真を屋根の両側とすると、その中間のラインが屋根に相当する。両側から屋根を支える構図となる。その棟はドカ（祖父母の尊称）と呼ばれるが、この場合の「棟」は、支援する両側からの力が合わさり支えられる「受験生」（男女）自身とみてよい。

図のような男女の役割分業や、カヴァと食事のような儀礼的な食事の分離（共食のタブー）は、男女の「穴（仕事の領域）」が違うためとされる。その思考は男女の地位の差別化というよりは、両側から男女が力を合わせ、新たな生命力を生み出すための前提となる区別であり、日常生活を貫く原則でもある。なお、この屋根の両側の図式は、図３－１の一人称と二人称の対面関係図式にも対応する。

ところで、同じメラネシアの儀礼的贈与交換でも民族・地域ごとの偏差があるが、ストラザーンは、例えば、夫が精液を妻に与えて子どもができ、その妻が、自身で栽培した作物でつくった料理を夫に与え、その食物を食べて出る母乳で子どもを養うといった直接の世話や扶養による「贈与」（生命力付与）と、第三者が儀礼的食物交換で協力する媒介的贈与交換とを区別した（Strathern 1988：199-222）。その際、後者の交換パートナーには、両性具有的かつ中性的で、一体的な特徴があると指摘した（Strathern 1988：201）。それを写真３－１に照らして筆者の言葉で言えば、彼女の言う交換パートナーの両性具有的特徴とは、同性ではあっても、「両側（私の側とあなたの側）から結ばれた棟（双数である祖父母）のように一致協力して支えるパートナー」の意味に理解することができる（写真３－１参照）。

（３）食事と宴会の同形反復

1925年に『贈与論』を出版したモースは、ニューカレドニアの民族誌から「私たちの宴会は葦の屋根の諸部分を縫い合わせ、それを１つの屋根、１つの世界につくる針の動きだ」（Meigs 1997：102 筆者訳〔モース 2009：72参照〕）という住民の言葉を引用している。モースの意図は、贈与により人と人、部分と部分が針で縫い合わされるように統合される状態を、宴席の統合（unity 単数）の事例で説明することにあった。

それは図３－１のフィジー人の認識図式とも重なり、ストラザーンの言う部分的つながりや同形反復性を説明する好例ともなる。フィジー人の食事や宴会も、人と人、部分と部分の双方（双数）が、カヴァの杯の循環により「縫い合わ」され統合される点で同じである。図３－１に対応させると、嗜好品のカヴァ（*kava* コショウ科の植物の根、およびその飲料〔写真３－１の左の容器参照、詳細は河合 2015〕）の宴会では、原則として上座（天の側、神とパワーの源に近いとされる座）に首長やゲストが座り、そこを起点としてその両側に各氏族（一般に首長・司祭・陸の民・漁師の４階級）の長が座って対面する。

その座順と側は、図３－１の「私の側とあなたの側」（それぞれ陸と海に対応）の人称関係に対応していることがわかる。女性や若者も参加することがあるが、概して身分の高い女性やゲストでない限り下座に座る。カヴァの器は、その四方の側の内側、つまり図の中間の人称ライン（双数）の中心に置かれる。女性や若者はその器より下座（首長の座とは反対方向の座）に座り、上座の首長と対面する。代表の若者がその器からカヴァを杯で汲み、上座から下座へと順番に配って廻る。カヴァは、天・陸・海を循環する雨と同様の自然観と生命循環を表す飲料である（河合 2015）。同時にそれは、共飲することで身体間を結ぶ「命の水」でもある。

以上の宴会と食事の原則は、氏族の食事会や地域集会だけでなく、日常の食事でも「同形反復」的である。ストラザーン流に言えば、上座と下座、海側と陸側はそれぞれ双数であり、さらに双数と双数（４つの側）が対になって四角形（完成と支え合いの形）となる。

繰り返せば、かつてのフィジー研究者は、その座順配置を、男女格差と身分格差の厳しい家父長的な封建制度の証拠と考えたが、フィジー人自身の理解に従えば、上下関係はあるが心を１つ（unity）にして協力し合う、民主主義的な構図である。人と人は対面して双数となり、その双数が他の双数と合わさって順次、「１つの屋根（世界）」のような、より大きな集団に「縫い合わ」され、１つとなって完成する（その逆のプロセスも可）。その部分と全体の関係は、制度的・固定的というよりは、フラクタクルで同形反復的である。

6　結び合う食と身体

フィールドの具体的データに寄り添うストラザーンの研究法は、食の問題が、嗜好品、儀礼食、料理、宴会食といった物質文化と食事行動に留まらず、それを超えた日常生活（ライフワールド）の文脈から理解することの有用性を示唆している。それはメラネシア文化固有の生の営みというだけでなく、広く普遍的志向性のある課題でもある。例えば、先にみたフィジーの食事と宴会のバーチャルな認識図式も、日本の禅思想にある一味同心、主客未分といった宴会の形式にも通じる見方である。またそれは、二分法的に区別されるＡとＢ（赤いリンゴと赤い頬のように）を同一視する意味での狭義の隠喩論的解釈だけでは納得できない側面もある。本章では食と身体を中心にまとめてきたが、最後に、男女の集合的身体と身体観に関する若干の私見でもって、「結び」とすることにしたい。

まず男女関係について言えば、英語ではfaceに「立ち向かう」意味があるように、目も結ぶものではない。しかし、フィジーの夫婦（双数）はセマ（*sema*）と呼ばれ、その語源は「顔（*mata* 目の意味も含まれる）と顔を結ぶ（*se*）」意味で、節目・関節・境界・結び目・親族の意味にもなる。それは日本語の「目」（節目）や縁とほぼ同じで、新たな枝葉の芽（目）が生え、花が咲き実を結んで果実となる源（基礎）の意味でもある。

セマに男女の結びや出産の意味もあるように、和食にも、人生や季節の節目（目と目を合わせる境界）のお節料理、結びコンニャク、結び昆布、結び蒲鉾のような結び料理がある。つまり、結び料理は縁結びのような祝い結びの食で、男女の対面と結びという集合性が、多産豊穣と料理のイメージ生成の基礎となる。それは、先述の陰陽（男女）の二気から五相が生じるとする中国の伝統的自然観（五行相生）のような、より根の深い社会文化的意味にも通じる。

日本の陰陽論も、古代中国の暦法から説明されることが多いが、例えば、節句（節供とも書き、食物を神に供える日とされた）や五穀豊穣の祭りをフィジーその他の諸文化と比較論的に捉え直してみると、体液（生命）論的で多元的な男女（陰陽）の対面と心身の結びのイメージ、および食物と身体の融合・中心・接点・ラインの形象と生命生成などの、共通の認識があることがわかる。

そこで注目されるのは、同じ「箱（家）」に住む夫婦の凝縮した形象である節目・種・根・石などが、次の新たな生命や食物を生み出す原点となるような、バーチャルで動態的な認識の生成の問題である。既述のチュークでは、まさに、心・生命・食物の座である「腹」と中心（*nuuk*）とが同じ言葉であり、人と人、腹と腹を結ぶラインの接点（境界）も「腹（中心）」とされる。また、食物の贈与や共食でできる「つながり」（ライン）も「食物の道」と呼ばれ、腹を合わせる関係である（河合 2001：133-135)。したがって共食は男女の「腹」の「結び（性)」、つまり夫婦関係を意味するので同性のみで行い、特に異性のキョウダイの共食と性はタブーである。

本章の冒頭で述べたように、食物は身体の内外を結ぶが、身体同士を結ぶものでもある。ライン（線）の生態人類学を自認しているインゴルドは、ダンサーが輪になって手をつなぎ、心を１つにしてラインや「石」となるような身体の融合のイメージをメッシュワークと呼んだ。個人を超えた集合的つながりで食と身体を考える時、インゴルド（2018）の言うラインの絡み合いと結びも、食文化論の今後の課題の一つになりうるかもしれない。

コラム3

環礁に生きる

豊かさとは何か——南太平洋の大首長との対話

ビル・エザード（情報提供）＋河合利光（文責）

筆者が、ミクロネシア連邦チューク環礁の大首長であった故キントキ・ヨゼフ氏（Kintoky Joseph 写真右）に初めて出会ったのは、1987年のことである。氏は日本統治時代には日本の役所に勤め、戦後の米国国連信託統治下では警察署長になった。米国の人類学者のグッドイナノ（W.H.Goodenough）やマードック（G.P.Murdock）らのミクロネシア学術調査団にも協力した。また、その後のミクロネシア連邦の憲法起草委員の1人でもあった。氏が、その調査団でさえ記録の困難であった秘儀的な伝承的知識のイタン（*itang* 戦術、航海術、神話儀礼、土地所有などの伝承的知識と位階・称号）の最後の称号所有者であったことは幸運であった。それ以後、1996年3月まで毎年のように通った。当時のチュークでは飲酒や出稼ぎなどが社会問題化しつつあったが、貧しくとも飢えることはなかった。しかし、ほぼ同時並行的に、公的資金による学術調査で訪問していたフィリピンでは、マニラの高層ビルの林立する街角で、子どものミルク代を筆者に求めて駆け寄ってきた若い女性や、調査地のミンダナオ島で貧困から自殺した若い夫婦などを目の当たりにして、チュークとの違いに思いを馳せた。それが、食の問題に関心を深める筆者の動機の一つともなった。

1994年に夏季休暇でキントキ首長を訪問した際、そこで米国の平和部隊ボランティアの一員として小学校で教えていたビル・エザード氏（Bill Ezzard 写真左）と出会った。帰国後、現在勤務している米国のミドルスクールの教材用にまとめた、チュークに関するエッセイ“Shining Light on Wealth and Poverty”が、ビル（以下敬称略）から届いた。比較食文化論的にも興味深いので、彼とキントキ首長との会話の一部を次に要約して紹介する。

キントキ首長とビルとの対話

（1）キントキ首長が、私（Bill）に座るよう手招きした。一緒にお茶を飲んでいると、キントキ首長は背後のウィトナップ山（環礁中央にあるウドット島の最高峰）を指して、何が見えるか尋ねた。「野生のジャングル」と答えると、「私にとってそこは祖先と私と子孫の農園だ」と言った。そして次に、ラグーン（陸と外海の間の水深の浅い海域）を指さして、どう見えるか尋ねたので「交通の障害」と答えた。すると首長は「私はそこに祖先から子孫へと受け継がれる物を見る。そこは魚、タコ、貝、私たちの富の貯蔵庫だ」と述べた。チュークの人々（特に農業・漁業を主とする生活者）は蓄える必要はないので、獲れたものは気前よく皆に与える。しかし、アメリカ人の多くは、ラグーンを都市の文明から隔絶させる障害と見るし、魚

故キントキ・ヨゼフ氏とビル・エザード氏

介類なら干したり塩漬にして売る。キントキ首長と私は、同じものをまったく違う眼で見ていたのである。
（２）子どもたちがやってきて、手をさし出した。その手のひらに１人１個ずつ飴を置いてあげた。するといく人かの子どもたちは、もっとくれとせがんだ。「もうあげたから」と、残りの飴を袋に詰めて部屋に戻ろうとすると、「ケチ！」と叫んだ１人の子どもの声が聞こえた。それで、「貰ったのになぜケチと言うのかわからない」とキントキ首長にその理由を尋ねると、首長は「いいかね、アメリカでは集めて所有するもので富を測る。それはアメリカ人のやり方だ。チュークの人々は、人にどれだけ与えるかで富を測る」とキントキ首長は答えた。それでチュークでは、人に与えれば与えるほど、価値ある人間になるのだとわかった。

アリにみる労働観と人生観

２人の対話から思い出したことがある。チュークに滞在していたある夜、ランプの灯りの下をアリが食べ物を運ぶのを見てキントキ首長が「*neetip eew*（１つ心）」と呟いた。続けてビルが「強い！」「食物を集めた後、女王アリが分配する」と言った。このエピソードをビルにメールで確認すると、すでに忘れていたが、「強い」という言葉が個としてのアリの強さの称賛であることと、運ばれた食物はコロニーに集められてから後で分配されるという認識には同意があった。日本人なら、勤勉に働いて不測の事態に備えるイソップ寓話の「アリとキリギリス」のアリを思い出すかもしれない。

イタンの１つに「食物こそ骨」（骨がなくては歩けないように、食物がなくては生きられない）がある。「食物はすべての基礎（背骨）だ」とイタンは言う。また食物がなければ男女関係もないし仕事もできない。また、イタンは、食物を与え、心を１つにして支えあうことが愛で、逆に食べたい食物を半分奪われたような心理状態が「狂気（*wumwes*）」だと説明した。生産・交換（互酬性）・集積（蓄財）・負債・分配といった経済学的図式ではなく、食物を与え合う（life-giving）ことが豊かな生き方の中枢にある文化の存在を、それは示唆している。キントキ首長の語りは、広く人間社会の根底にある重要な課題を、私たちに投げかけているように見える。氏は1997年に、この世に別れを告げた。

写真左　キントキ首長の指揮で並べられた儀礼用容器
写真右　祝い事や重要なゲストへの歓迎儀礼でモチ状のパンの実の料理などを入れて運ぶ器（ウドット島Winipis地区にて、B.Ezzard 1994年撮影、河合 2001：168-186参照）

【読書案内】

河合利光（編）『世界の食に学ぶ―国際化の比較食文化論』時潮社，2012

フィールドハウス，ポール『食と栄養の文化人類学―ヒトは何故それを食べるか』和仁皓明（訳），中央法規，1991

レ，スティーブン『食と健康の一億年史』大沢章子（訳），亜紀書房，2018

渡邊欣雄（編）『世界の宴会』アジア遊学 61，勉誠出版，2004

2　飲食と社会

1　ソーシャリティとしての飲食

人はただ、その生存を維持するためだけに、ものを食べるわけではない。確かに食は生存に不可欠であるが、一見すると必要のない「無駄なもの」や体に悪影響を与えるものを私たちは好んで飲み食いする。例えば、嗜好品のコーヒーやタバコ、酒などは、身体の維持に必要不可欠ではないことは明白である。積極的に摂取しなくとも何の問題もないし、むしろ控えること、摂取しないことが、医学的に推奨されるほどだ。しかし、だからといって嗜好品を完全に排除した世界は無味乾燥で味気ないものになってしまうだろう。忙しい日常であっても、カフェに立ち寄り、コーヒーを飲みながら友人と談笑する時間は何ものにも代え難いし、仕事を終えて家に帰る前に立ち寄る居酒屋で一息つく人も少なくない。また、タバコを吸いながらの立ち話で、新しいアイディアが浮かぶこともあるだろう。

何が健康的で何が不健康なのかは、時代や社会によって大きく異なる。例えば、18〜19世紀のイギリスでは、労働者階級の不道徳な振る舞いと結び付けられたジンは、酩酊や「飲酒の害悪」といった問題と結び付けられた一方で、ビールはより健康的な代替品と考えられていた（O'Malley and Valverde 2004)。そのビールも、今や糖質やプリン体といった体に悪いものが含まれた飲料とみなされ、これらを排除した健康に良い商品の開発が行われている。

時代や社会状況によって受容状況が変化する嗜好品ではあるが、実際のところ嗜好品の消費に付随する時間、語らい、つながりといった余白こそが重要で、この余白があるからこそ、私たちは、栄養価としては必ずしも人に必要とはいえない嗜好品を楽しむのだろう。

飲食に付随する時間の使い方や人間関係のあり方、つまり、いつ、どこで、誰と、どのように食べるかという、食の社会・文化的側面は、飲食の紡ぐ関係を考えるうえでは重要な問題である。生きるために食べるという生存維持のための極めて個別的な行為は、いかにして社会・文化的行為となるのだろうか。

哲学者であり社会学者でもあるジンメル（Georg Simmel）は、「食事の社会学」において、生きるためにモノを食べることは、あらゆる個人にとって厳然たる事実であり、またこの事実はあらゆる他者と共通で、「まさにこのことが共同の食事のための相互会合を可能とし、そしてこのように媒介された社会化において、食事のたんなる自然主義の克服が展開する」（1917、訳；ジンメル 2004：166）と指摘する。

ジンメルは、私たちがモノを食べるときに使用する食器と食事の関係について、ナイフとフォークが介在することで食べ物と身体が分離され、実利的に個人的な我欲が食事の社会形式へ移行すると指摘する（ジンメル 2004：160）。確かに、人間の諸行為から社会・文化的なものが切り出される局面では、道具の介在が欠かせない。台所で調理されたものがテーブルに運ばれ、その料理を、ある様式に基づき食器を用いて食べることで、私たちは様式化された食事という行為を行うことができる。また、食事という行為がもつ社会性、ないしソーシャリティ（sociality）を通じて、食物その他のモノを含む他者を巻き込みながら、様々な関係性を創出することが可能となる。

現代は、技術の進展によって人とモノ、情報の関係性が相互依存的になり、人々の行為に強い影響力をもつ時代である。以下では、社会のつながりを人間関係に限定することなく、より広くモノとコトの社会文化的関係性の意味で使用することにしたい。特に、どこで、誰と、どのように食べるかをめぐる日常生活レベルの諸問題、なかでも家族と親族（家屋・住居）、地域の居住空間（土地と空間距離）、民族・宗教と世界観（飲食と社会文化）、飲食の多様化と共生といった、基礎的な日常生活のありかたを中心に紹介する。

2　食文化を継承する基礎としての家族と親族

例えば、食の文化的嗜好や、１日に食べる食事の回数や間食の有無は社会によって異なるが、それでも、食事は規範化された食習慣の範囲内で、どのように食べるかが決定されている主体的行為である。私たちは、社会や文化が規定する「好ましい食べ物」を継続的に食べ、好きなものばかりを食べないように、自己を節制しながら身体の健康を維持しようと努める。

日本社会で育った人のなかには、味噌汁や米飯、漬物といったものを食べていれば健康を維持できると考える者も少なくない。筆者も例外ではなく、現地調査などで海外に長期滞在するときは梅干しを持参し、体調が優れないときや風邪のひき始めに、これ以上悪くならないように祈るような気持ちで、一粒の梅干しを食べることがある。もちろん、梅干しには体調不良を予防したり改善したりする成分が含有されているわけではない。しかし、子どもの頃から慣れ親しんだ食べ物を摂取することで、不安な気持ちをかき消し、日常と変わらぬ身体の状態が維持できるのではないかと期待する。

いうまでもなく、これは筆者の個人的体験にすぎないが、食は共食や食物のやり取りを通して人間関係を結ぶ（あるいはそれを拒否する）だけでなく、体内で血肉となり生命を維持し人々の感情や感覚にも関与するという、普遍的問題でもある。

「読書ノート⑤」（123頁参照）に紹介したように、カーステンは、従来の親族研究が血縁や理念といった、フォーマルかつ生物学的な普遍の部分に注視するあまり、家族・親族の過程的側面や感情のような経験的側面を十分に示すことができなかったことを指摘し、寝食を共にして生活する、日常生活に組み込まれた共感や血縁概念の文化的生成過程に注目した（Carsten 1995, 1997; Carsten ed. 2000）。

またヤノフスキーらは、カーステンの「つながり（relatedness）」概念をさらに展開し、東南アジアにおけるコメなどの澱粉性の主食食物が、現地社会の祖先と子孫の生命の循環関係、及び共食と供食による親族関係の構築に関わりがあると論じた（Janowski and Kerlogue 2007）。世界には、ヨーロッパのパン、西アフリカ・中部アフリカのフフ（*fufu* キャッサバ、タロイモなどの澱粉性の根菜やプランテンを潰して湯で練った主食）、インドネシアやマレーシアのナシ（*nasi* 米飯）など、日本のメシ（米飯）に相当するような澱粉性食品

（starchy food）を特別視する、多様な食の文化がある。ヤノフスキーらによると、東南アジアでもコメ以外にキャッサバやタロイモなどの根菜やミレットやハトムギなどの雑穀も食べられるが、特にコメは主食として食べられるばかりではなく米酒にもなり、とりわけ重要な食品とされる。神や祖先に捧げられるだけでなく、祖先から子孫へと授けられる生命エネルギーの源ともされる。また、米の生命力は、血の観念とも重なり通世代的に受け継がれる。地域ごとの違いはあるが、いずれの民族文化でも、家族・親族関係の理解には食の理解が重要である。

家族と親族は、食文化を上の世代から下の世代へ継承する上で重要な関係であるばかりではなく、食を通して社会関係の範疇を学ぶ機会でもある。いかなる社会でも、家族や親族、友人関係など、それぞれの関係性に応じて食べ物をめぐる規則が異なることを日々の暮らしのなかで学ぶ。

例えば、オーストラリアでは子どもの食習慣に関しては、親、たいていの場合は母親が、どのように方向付けるかという点での支配権を握るという。ラプトン（Deborah Lupton）によると、「子どもが禁止されているもの、たとえばお菓子などを食べるのは、親の権威に対する挑戦である。その一方、これらの規則を時にはゆるめることも大切で、特別な行事（誕生日やお楽しみ会）を計画したり、祖父母と孫といった別の家族と結びつきをつくるのに役立つ。食べ物をめぐる家族内の規則が、許される行動と許されない行動の境界線になる。親が、テーブルマナーも含めて食べ物摂取の習慣を子どもたちに身につけさせようとする試みは、子どもが大人の世界に順応するという、より広い文脈におけるものと考えられる」（1996, 訳；ラプトン 1999：92）という。このような日常的な食をめぐる規範を通して、社会関係のレイヤーや濃淡、家族とそれ以外の人間との付き合い方も学ぶことになる。また、家族や親族との肩肘張らないくつろいだ食事をともにすることで、情緒的な結びつきが築かれる。

■読書ノート⑤　ジャネット・カーステン■

『カマドの熱―マレー漁村のコミュニティの親族関係の形成過程』

(Janet Carsten 1997)

本書はタイ国境に近いマレー半島北西部に位置し、アンダマン海に浮かぶランカウィ島のマレー人漁村コミュニティにおいて、人類学者であるジャネット・カーステンが1980年代に実施したフィールドワークに基づく民族誌である。冒頭において「日常生活の人類学(anthropology of everyday life)」であると宣言しているように、本書はランカウィ島の、特に女性が関わる行為、例えば日常的な調理や食事、子どもの養育などの行為をていねいに記述している。アイデンティティは可変的で常に流動的であり、決して所与のものではないという議論は古くからあるが、カーステンの議論が優れているのは、親族のアイデンティティは、ともに食べ、あるいは食べさせ、子どもを育てるといった生活そのものからつくられる総合的な構築過程であり、しかも非血縁関係の者であっても、同じカマドの食物を共に食べることで食物（サブスタンス）が共有され、「血のつながり」に類する強い関係性が形成されることを民族誌的調査から示し、当時の静的な系譜論的親族論に一石を投じた点にある。

多様な要素をゆるやかにつなぐ社会関係がランカウィ島に見られるのは、その地理的辺境性とも大きく関わる。

●潮が引いたランカウィ島の浜辺

カーステンが調査した1980年当時、漁村のほぼすべての家庭の先祖がマレーシア本土かタイ、インドネシアからの移住者であった。カーステンにとってランカウィ島の人々の歴史とは、移住者が出身地から持ち込んだ多様性をそぎ落とした結果であり、人々を互いに「似ている状態」に均質化する同化のプロセスであった。なぜそのようなプロセスが進んだかといえば、ここに移住した者の貧困に関わりがあると、カーステンは指摘する。ランカウィ島では、広い土地を所有する者はほとんどおらず、多くは小規模漁業に従事し、自らを「貧しい者（*orang susah*）」とみなし、貧しさは平等に分散されたという。ランカウィ島では、出身の異なる移住者が多いからこそ統合が強調され、個人はその出自を忘却し、擬似親族になるという。

女性であるカーステンには、調査が行える範囲に制約があり、女性が活動する家内領域における出来事の記録が本民族誌の基礎になったことは否めないが、女性親族を相互に訪問すること、他人をもてなすこと、血縁関係にない子どもを養育すること、食事を与え食べさせることの舞台となる家は、単なる家内領域ではなく、外に拡張する政治的な単位でもあることも指摘されている。このように、既存の人類学的研究では観察者にとって自明であるために軽視されてきた、食べる、食べさせるといった日常実践や家庭生活を丁寧に観察することで、社会関係や歴史の究明につながる諸問題を鮮やかに示した点で、広く参照されるべき優れた民族誌であるといえるだろう。

【櫻田涼子】

3 コミュニティのなかの食のつながり

（1）食と地域社会

日常的に繰り返される家族・親族との食事が、最も基本的な人間関係の基盤のひとつであることは疑いの余地もない。しかし、当然ながら、家族・親族の血縁的・姻戚的つながりだけで、食のつながりが完結するわけでもない。

それは、例えば、友人・コミュニティ・訪問者などの多彩な人間関係のネットワーク（いわばソーシャリティ）や、学校・メディアや諸外国を含む外部からの影響を受け、またローカルに受け継がれてきた地域社会の伝統や価値観に埋め込まれて存在する。

日本の神社・仏閣で行う食べ物の分配や飲食を伴う行事とか、レストランやホテルで開催されるパーティーを想起すれば理解できるように、祝祭（festival）、祭宴（communion）、饗宴・宴会（feast）等々と呼ばれるのは、いずれも地域社会における「食事」を主体とする人間の集合であることが多い。特に神への生贄の意味を強調する場合は、それを供儀（sacrifice）と呼ぶ。供儀は供物・神撰などと共に、様々に捧げられる「食事」（贈与）の一種である。祖先や神との定期的に反復される集いの食は、より広くは「行事食」（ないし儀礼食）と呼ばれる。

行事食としては、季節の移り変わりやライフサイクルの節目に行う強化（季節）儀礼と、ライフサイクルの節目に行う人生儀礼（いずれも通過儀礼 rite of passageである）の食が典型的である。例えば、キリスト教に由来するクリスマスの行事食の場合、米国では七面鳥やハム、ドイツでは鯉、イタリアでは鰻などの特徴的な行事食が食べられるが、ケーキも重要である。他方、人生儀礼では、誕生ケーキやウェディング・ケーキが挙げられる。ただし、この二分法的類型化は、あくまで分析の指標と捉えておくべきだろう。食から見ると、どちらの行事でもケーキが使用されることが多く、「ケーキ」を中心に見るといずれの行事食でも「甘い」食が重要という共通点もあるからである。同様に日本の端午の節供で食べられる柏餅も５月の行事食の１つではあるが、子どもの成長（人生）儀礼の1つでもある。

一般に、共食の範囲と状況は多様である。血縁的であることもあれば、その他の様々な規準が共食の単位となることもある。食物は、様々な社会的脈絡で授受されるだけでなく、贈与（gift）し共食される。人は個人で食べるだけでなく、家族と親族（家庭料理、祖先供養の行事食）、エスニック・グループ（エスニック・フード）、地域社会（郷土料理）、社会集団（学校給食、会社の食堂、病院の食など）、友人など、多様な関係と状況で共食する。例えば、アメリカの結婚式で提供されるウェディング・ケーキは参列者とともにその場で食べるだけではなく、一部を冷凍保存し、数年後の結婚記念日などの機会にカップルが結婚式を思い出し食べることもある。その食べ方から、ウェディング・ケーキはその場で消費されるだけではなく、関係性を確認し、維持するために重要なものであることがわかる。

香港では、日曜日のビジネス地区に、家内労働者としてそこで働くフィリピン出身の女性が大挙して集まり、それぞれが持ち寄った故郷の味を楽しむ（ピクニック）様子がみられる。フィリピン女性たちは、ただ食べるために集まるわけではなく、共食を機会に情報を交換し、連帯し、楽しむことも目的としている。このようなつながりは、異国の地で働くフィリピン女性たちの家族的連帯、シスターフッド（姉妹関係）として議論されることも少なくない。

日本においても、留学生や外国人住民が宗教施設に定期的に通うことで自国の人々とのネットワークを維持しつつ、情報や食べ物を入手するということはよく見られる。「キムチが食べたいから教会に通っている」という韓国人留学生の話を聞いたことがあるが、一人暮らしの生活では手作りすることもままならない留学生にとって、韓国系教会に通うことは慣れ親しんだものにアクセスすることであり、また情報を得るうえでも重要な行為である。これらの目的は相互に切り離すことは難しく、行動の目的として絡み合っている。

（2）宗教・エスニシティと食の多様性

ここで、人間社会の主要な食のソーシャリティのもう一つの側面、食と宗教的・民族的世界観について、宗教的理由から食をタブーとしている例をいくつか概観したい。

まず、イスラーム教における豚肉やアルコールの禁忌に代表されるハラール（*halal*）や、ヒンドゥー教やシーク教（16世紀にインド北部のパンジャーブ地方に起こったヒンドゥー教の一派）における牛肉の禁忌などは広く知られているが、インドでは、牛だけでなく、そもそも動物の肉を忌避するベジタリアンも多い。実際のところ、イスラーム教におけるハラールとは、イスラーム法で許された項目のことを指し、食べ物のみならず、飲み物や化粧品、行為、約束などもその対象となる。食品をはじめとする「物」に関する場合、国家・民族・地域・宗派、最近では複数立ち上がる認証制度など、さまざまな要因が加わって多様であるが、概して、イスラーム法に適した食品を指す。特に、豚肉、死肉は禁忌であり、食べることができる牛、ヤギ、鶏であっても電気ショック、撲殺、絞殺による屠殺が禁じられ、正しい方法で血を抜くことがイスラーム法（宗教法）で定められている。

旧約聖書を正典とするユダヤ教徒のカシュルートと呼ばれる食物規定はよく知られている。カシュルートにおける細かい規定は実に複雑であるが、山我哲雄によると、以下の三つの柱の上に立つという。それは、⑴「清い」動物の肉のみを食べ「穢れた」とされる動物の肉を忌避すること、⑵食べられる動物であってもその血は摂取不可、⑶食べられる動物の肉であっても乳製品と一緒の摂取は不可とされるという規定である（山我 2016：184）。ほとんどすべての植物性食物は認められているが、肉類では牛や羊は食べられるが、豚やウサギは不可食である。またヒレやウロコのある魚は食べられるが、エビやカニなどの甲殻類とイカやタコも不可食である。これは可食か不可食かという分類ではあるが、「血」に関する生命観と関連のある問題と考えられるだろう。例えば、牛や羊、山羊の肉は食べられるが、儀礼的に血を抜いた肉（*fleishig* フレイシク）でなければ食べられないし、浄とみなされるミルク、バター、チーズなどの乳製品（*milchig*）や果実・塩・冷血動物（昆虫・魚）、蜂蜜・砂糖・卵など乳製品や肉の成分を含まない食品（*pareve* パレヴ）は、無条件に食べられる。

人の移動が活発になり、多様な文化背景をもつ人々との共生が課題となる現代では、ハラールやカシュルートに適合した「食べてよい食物」であるカシェルも広く知られるようになりつつある。また、ハラールとハラーム（*haram* 許されないもの）の間にある、どちらとも判断できない疑わしいものを意味する「シュブハ（*shubha*）」という概念は、できるだけ避けるべきものであるが、認証制度はこのシュブハな食べ物を食べられるものか、食べてはいけないものかを判断するための基準を明確にするものであるとも言われる。現在、この基準を満たす食品を生産し流通させる認証制度をめぐるビジネスは、賛否両論ありつつもイスラーム諸国の間に増加している。例えば、マレーシアのような多民族国家では、イスラーム教徒にとっての禁忌である豚肉を食べる華人と隣り合わせで暮らす社会環境であるため、マレーシア政府ハラール認証機関（JAKIM）が認証を行い、ほぼ全ての食品やチェーン店のメニューに認証マークが表示されている。

4　食からみた居住空間とソーシャリティ

（1）食の社会的・心理的距離

ハラールやカシェルは、上述のように宗教的慣習とみなされることが多いが、現実には暮らしのなかの道徳や慣習や世界観と深く結びついている。また食のタブーは、可食か不可食かの食の分類に関わる問題であるが、さらに、何が食べられるか（食べられないか）だけではなく、誰といつ、どこで、どのように食べてよいか（いけないか）に関わる問題でもある。

まず、前者に関する古典的な論文に、食事と親族距離の関係を分析したリーチ（Edmund Leach）の「言語の人類学的側面—動物のカテゴリーと侮蔑語について」（1964、訳；リーチ 1976）がある（本書第１章、表１－１参照）。リーチによると、イギリス人は、動物を次の４つに分類する。①食用を禁止されるペット、②食用をタブーとされるが、去勢すれば食べられる家畜、③山野に住む可食の動物（獲物）、④地理的に遠いので食べられない野獣。この４つのカテゴリーは、男性から見て、それぞれ、①性関係の禁止される姉妹、②未婚の間は性関係が可であるが、結婚は禁止される実のイトコ、③結婚の可能な友人、④知り合う機会がないので、結婚不可の他人に、それぞれ対応する。

リーチは食とセックスとの対応関係を論じているが、居住地から見た空間的距離の問題でもある。つまり、空間的・心理的距離の近い女性とペットは完全に「食べられない」し、日常的に空間距離の遠い野獣も他人も「食べられない」が、その中間にある動物と異性は「可食」というわけである。

リーチの分析は普遍化を意図しているが、それを、理論というよりはイギリスの民俗カテゴリーと見ると興味深い。仮に男性である自己を中心とすると、ペット（姉妹）、家畜（イトコ）、身近な他人（結婚相手）、出会えない他人（食べられない遠い他人）という食と性の関係とカテゴリーの対応関係が想定されているからである。女性が自己である場合は、ペットに対応するのは兄弟である。別の見方からすると、自己を中心とした相手との空間距離・心理的距離の図式が、その理論の前提にある。その事例は、だれと、いつ、どこで、何を食べるかは、意外と自由に行えるように見えるが、その実、社会文化的に拘束されている問題であることに気づかせてくれる。

先に挙げた社会的枠組みによる食行動ももちろん重要であるが、次に、自覚されることが稀である居住の空間距離から、食と人間関係を追ってみよう。

（2）マレーシアの飲食空間と飲食実践

マレーシアは、マレー人だけでなく、インド系、中国系（華人）などから構成される多民族国家である。その際、マレー人はイスラーム教徒が多いため豚肉の摂取は禁忌であり、インド系の人々はヒンドゥー教徒が多いので牛肉を食べない。また華人の場合、仏教徒の場合には牛肉は可食ではあるが、自宅の台所では調理しないという者も少なくない。つまり、マレーシアにおいて人々が共に食べられるものは、鶏と魚になる。例えば、マレーシアのホーカーと呼ばれる屋台街では、華人店主の屋台で豚肉のチャーシューが載った雲呑麵（わんたんめん）が提供されるのに対し、インド系が経営するカレーを提供する店では、羊、鶏、魚、蟹などが使われる。一方、マレー系の屋台では豚肉は絶対に扱わないという形で、同じ空間にそれぞれの食文化が共存している。最近、都市部に急増する軽食を提供するカフェレストランのコピティアム（*kopitiam*）では、チャーシューが乗った雲呑麺も提供されるが、このチャーシューは鶏肉で作ったものであり、ハラール食材のみを使うことで、誰もが飲食可能な空間として都市に暮らす人々の間で人気を博している。

このように、民族ごとに信仰する宗教や習慣が異なる多民族国家マレーシアにおいては、政治社会的マイノリティである華人が私的空間である住宅内部で行う飲食活動と、公的な場所で行うそれとの間に大きな相違がある。

例えば、当然ながら個人の住宅で何を調理し、何を食べるかはまったくの自由である。しかし、居住した住宅を売却しようとするとき、そこで何を調理し、何を食べたかという問題が顕在化する。豚肉を調理し食べた履歴のある住宅は、イスラーム教徒であるマレー人にとっては、とても「住めない空間」であるとして敬遠されるし、華人が住んだ住宅は新しい買い手も華人である傾向がみられる。また、民族集団ごとに集住させず、共に暮らすことで「マレーシア人」を創出しようとする独立後の政治的企図に基づき、マレーシア全土につくられた住宅地では、地域イベントなどが開催できる空き地が用意されている。ただし、それぞれの民族集団の行う儀礼が食と切り離すことができないため、各民族集団を架橋するような規模の大きな文化的イベントは、ほとんど行われていないのが現状である。

一例をあげれば、筆者が調査を行ったことのあるマレーシア・ジョホール州の住宅地で、ある年、ジョホール州のスルタン（州王）の訪問のタイミングと華人の盆儀礼（中元節儀礼）とが、偶然重なってしまった。そのため、例年、華人が儀礼を行ってきた住宅地の空き地が、スルタンをもてなす饗宴会場（写真３－２）に変更となったため、華人の儀礼は急遽、住宅地の端にある住宅建設予定の空き地を利用して行われることになった。豚の丸焼きなどの供物がいくつも用意される華人の儀礼を、スルタンの巡行でマレー人が集まる中心地区で行うことはできないという政治的判断も働いたようだった。豚肉の消費を伴う華人の宗教儀礼や食文化は、マレーシアにおいては、時として表舞台から排除されることもある。その一方で、マレー人がまったく来ないような華人集住地区のホーカーでは、マレー料理のサテ（*sate*）と呼ばれ

写真３－２　スルタンをもてなす住宅地の饗宴会場

る鶏の串焼きのラインナップに豚肉を使用したサテも追加するなど、自分たちの食文化に改変してしまう大胆さもある。

マレーシア華人社会の場合、旧正月には来客を自宅でもてなす習慣がある。このとき、もてなしのために準備される多種多様な料理や軽食を、いつ、どこで、どのように提供し、それをどのように食べるかが、当該社会の人々にとって非常に重要な問題となってくる。なぜなら、飲食の場所を制限し、家族・親族以外の他者を住宅内部のどこまで受け入れるかを立場や関係の遠近によって変化させることで、親密さや礼儀正しい振る舞いといった関係のコードを、巧みに操作することができるからだ（櫻田 2017)。また、同じ料理であっても、祖先への供物を供える場所と、そのお下がりを食べる場所とを分けることによって、あの世の先祖とこの世の子孫が、一つ屋根の下で、儀礼的共食を実践することが可能となる（写真３－３参照)。

一方、住宅内部にあって、祖先の位牌や神像が安置されている神聖な空間であるホールは、客人を招き入れる応接間にもなる。正月の訪問客のために購入したり自作する正月菓子の「年餅」でもてなすことで、友人関係や近所関係といった関係性の再確認の行われる場でもある。気楽な場所である入り口に近いテラスでは、関係の遠い友人や知人をもてなすことが適しており、また正月休みが終わりに近づいて訪問客もほぼ来なくなった頃に、テラスで行われる家族や親族が集って行うバーベキューは、正月料理に疲れた胃袋を休め、家族・親族の紐帯を強化する（櫻田 2017)。

写真３－３　この世とあの世を結ぶ食（マレーシア華人社会）
（写真上）儀礼後に分配されるコメが人と人、この世とあの世を結ぶ。マレーシアの華人社会は、儀礼と食が密接に結びつく。食べることを理由に人々は集い、食物の分配を期待して儀礼組織に参加することさえある。祖先と子孫は同じ料理を食べ、地域で亡くなった孤独な魂のために地面に生米を投げ、弁当を置き、彼らの空腹が満たされるよう供養する。あの世であれ、この世であれ、そこには、いつも食べものがある。
（写真下）旧正月の来客に供する菓子「年餅」を用意する華人女性。日持ちする焼き菓子中心で、一口で食べられる大きさが一般的だ。正月には、プラスチックの容器にぎっしり詰めたクッキーなどを何種類も用意し、来客をもてなす。

すでに多くの食をめぐる文化人類学的・社会学的論考の議論が示しているように、食べものは、ただ胃袋を満たし生命を維持するために存在するのではない。食べものは、社会的、文化的意味を付与され、あるいは付与し、私たちの関係をかたちづくる行為体として、ダイナミックに作用する。

5　食の多様化と共生

（1）移民と食文化

今となっては笑い話だが、中国海南省のコーヒー文化について現地の若者に聞き取り調査をした際に、「地域特有のコーヒーを飲ませてくれる店を教えて欲しい」と尋ねたところ、その若者は手際良くスマートフォンで検索すると、近くにオープンしたばかりのチェーン店のコーヒーショップを教えてくれた。

世界的に展開するファストフードチェーンやコーヒーショップの商品を楽しむ人々の姿は、いまや世界中の街角で目にすることができるし、多国籍企業が販売する食品は、世界中の家庭の冷蔵庫や食品庫に欠かせない存在となっている。このような食の均質化が進む一方で、ファストフードへの抵抗としてイタリアで始まったスローフード運動や、食品生産の工業化が一段と加速する状況で、生産者と消費者の関係を取り戻すことを目的とする地産地消の取り組み、郷土料理の見直しなど、食の均質化に対するバックラッシュも見られるようになった。

このように食を取り巻く状況が複雑になるなか、インターネットを活用した食材の注文や配達など、提供や消費のあり方も、技術革新に伴い急激に変化している。食事を提供する空間の多様化だけではなく、国際的な移動に伴う多民族・多文化化の進展により、外食の概念さえ、従来の区別では表せない多元的状況も、新たに創出されている。

例えば、筆者の暮らす東京北部地域は、近年バングラデシュ出身者が多く居住する地域となっている。イスラーム教徒たちが寄付を行い駅前にモスクを建設してからは、ハラール食材や南アジアの惣菜を扱う食材店や食堂が次々とオープンし、金曜には礼拝に向かう正装姿の男性たちと頻繁にすれ違うようになった。もちろんモスクで礼拝を行うという宗教的動機から、この地区にイスラーム教徒が集まるようになったのだろうが、それだけではなく、おそらく、モスクでの礼拝の帰りに仲間と食事をしたり、駅前のハラール食材販売店で食品や手作りの揚げ菓子や惣菜などを買ったりできることも、この地区に引き付けられる理由の一つだろう。

どこで、誰と、どのように食べるかといった食をめぐる一連の行為は、集団間の差異化をもたらす一方で、集団内部において結束を高める共同化の作用をもつ。例えば、故郷を離れて新しい土地に住むことになった移民にとって、馴染みある食べ物を新天地でも食べ続けることは、故郷と自らを結ぶ重要な行為である。彼らの食文化は他集団と自己との差異を示す指標として機能すると同時に、移民が移住先の土地で新しいアイデンティティや関係性をつくりあげるための媒体ともなる。安井大輔の言葉を借りて言えば、「食事を慣れ親しんだものにすることは、食文化を形成することであり、移民の新しい社会への適応化の一部をなす。よその土地でどのような材料や概念を用いるのかを選択することは、異なる土地の材料、人間開発、空間をどのように理解し、どのように再設定するのかということでもある」(安井 2019：6、本書第４章の「フードスケープ」参照)。

ここで示されるように、新天地での暮らしを、少しでも快適なものに変えようとする努力から生み出される「昔馴染みの食文化」は、単に故郷から持ち込まれた要素の合計ではない。彼らを取り巻く複雑な諸関係が影響し、かつ移民の社会への適応化によって刻々と変化する動的なものであるだろう。例えば、シンガポールやマレーシアのような、多様なアクターが介在し複雑に階層化された移民社会においては、移民の到来に伴い、新天地で新しく生み出された食文化であっても、移民が故郷から持ち込んだ「伝統的な食文化」としてイメージされ、読み替えられ、再生産されることもある（「読書ノート⑤」123頁でカーステンの示したランカウィ島の事例は、移民が既成の社会文化に読み込まれ、再生産される過程を示している)。

（２）国民食化するマレー半島の華人食文化

マレー半島の華人の食文化には、現地社会の様々なアクターとの相互交渉の結果生み出されたものが数多くある。例えば、港湾労働者として働いていた華人が、体力をつけようと朝食として食べた肉骨茶（バクテー）は、豚のスペアリブや内臓を漢方や、にんにくと一緒に煮込んだ料理である。油条（ヨウティアオ）と呼ばれる揚げパンを細かく切ったものをスープに浸し、スープをご飯にかけて食べる。肉骨茶は移住後の社会環境から生み出されたマレー半島の華人料理である。マレー料理の影響を受け、ココナッツミルクやハーブをふんだんに使ったラクサ（*Laksa*）と呼ばれるカレー麺や、インド系の名物料理であるフィッシュヘッド・カレーは、魚の頭を食べる華人の食文化を援用したものであるとされる。また、上述のコピティアムという飲食空間も、マレー半島特有の食文化としてみなすことができる。

コピティアムは、マレーシアやシンガポールでは、見かけない通りはないほど、マレー半島に遍在する飲食空間だ。19世紀後半以降、労働移民として移り住んだ中国人のうち、海南島出身者により営まれたコーヒーを提供する飲食店がコピティアムのもととなっているとされる。コピティアムは早朝から深夜まで、老若男女が飲食する日常生活の中心的な場所であり、男性たちが政治談議に花を咲かせ、交流する日常的な社交の場であるという意味において、華人社会の重要な社会的空間として機能してきた。コピティアムは、路上にプラスチック製のテーブルと椅子を広げて自由に拡張する。マレー半島の日常的な驟雨（しゅうう）が襲えば、それまで賑やかだった飲食空間は突如として消散する。雨が上がれば、またテーブルと椅子が空間に広げられ、客が戻ってくる。涼しい夜の時間になると、コピティアムの客は急増し、商売上手な店主は、テーブルや椅子を増やして客に対応する。

今日では、この伝統的コピティアムをモチーフとしてチェーン展開を図る新しいスタイルのコピティアムが、都市部を中心に急増している（写真３－５）。その一つがマレーシアを中心に展開するオールドタウン・ホワイトコーヒー（OLDTOWN White Coffee）である。チェーン展開するこのようなコピティアムは、新興住宅地や郊外のショッピングセンター、公共施設などに出店する。伝統的なコピティアムと比べると、新しいスタイルのコピティアムでは、清潔な客席で、エアコンが効き、Wi-Fiが完備されているためか、パソコンを持ち込んで仕事や勉強をする若者の姿もよく見かける。最大の特徴としては、イスラーム教を信仰するマレー人も食べることができる、ハラール食材を用いた料理でメニューが構成されている点である。例えば、華人の料理として一般的な雲呑麵やきしめんのような幅広の米麵を使った汁麵、河粉（ホーファン）や粥なども提供されるが、全ての料理でハラール食材が使われている。また、マレー人にとっての定番料理であるココナッツミルクとパンダンリーフで炊いた香りの良いご飯に唐辛子のソース、サンバルやピーナッツ、きゅうりなどを添えたナシルマ（*Nasi Lemak*）やルンダンと呼ばれるカレーなどもある。こうして、新しいスタイルのコピティアムでは、華人に限らず幅広い客層が食事を楽しむことができるため、多文化的空間となっている。マレー半島の人々にとって、コピティアムの甘いコーヒーは、日常的に楽しむ慣れ親しんだ味である。この味を求めてコピティアムに行くという人は多い。

しかし、新しいスタイルのコピティアムは、それだけではない。マレー人、

写真３－４　伝統的な街場のコピティアム（マレーシア・ジョホール州）

写真３－５　マレーシア都市部のコピティアム・チェーン店
華人のみならず、マレー人の客も多い。

インド系、華人の誰もが食べられるマレーシア料理を提供することで、日常的な生活空間が分離されている人々が、再び同じ場所で、共にモノを食べることが可能となる。例えば、クアラルンプールなどの都市部のフードコートやオールドタウン・ホワイトコーヒーなどの飲食空間では、ランチタイムに、様々な文化背景をもった人々が、共に昼ごはんを食べる姿を見ることができる。

（3）オーストラリアに移住するマレーシア人

マレーシアの食文化は、マレーシア人の欧米への移住とともに、移住先でも展開されるにようになった。マレーシアからオーストラリアへの人口移動は1980年代より顕著となり、2016年の統計によると、オーストラリア全土では、マレーシア生まれの居住者数は13万8,365人である。そのうち、メルボルンでの居住者数は４万7,639人、シドニーでの居住者は２万8,471人となっている（Australian Bureau of Statistics, 2016）。

すでに市民権を取得したマレーシア出身者は全体の47％を占めるが、メルボルンにおけるその割合は40.8％で、シドニーでは52.8％である。またマレーシア生まれの居住者の平均年齢は、シドニーで44歳、メルボルンで37歳、オーストラリア全土では39歳となっている。このことから、シドニーには比較的古くからの移住者や年齢の高い層が多く、一方のメルボルンでは留学生などの若年層が多い傾向があると推察できる。

写真３－６　メルボルンのチャイナタウン
右の写真はフードデリバリーの配達員。注文が入るのを待機する。

（４）多文化主義オーストラリアの変化する外食事情

オーストラリアでは、移民の大量受け入れに伴い多民族化が急激に進展した結果、それまでの白豪主義から転換し、1972年に誕生したホイットラム労働党政権下で、多文化主義を導入するようになった（朝水 2003：27)。人口増加を目的とし、多くの地域からの移民を受け入れた結果、多文化主義を導入することで、オーストラリアは周辺諸国の政情不安定時の移民の受け皿となっていく。このため、地理的にもマレーシアから比較的近い英語圏であるオーストラリアをめざす華人が、1980年以降、著しく増加したと考えられる。

オーストラリアでは、多文化主義により、食文化の多文化化も急激に進展した。イップ（Ip et al., 1994：50-51, cf. 朝水 2003）の研究によると、オーストラリアではアジア系に対し63.9%が「母語に固執しすぎる」と感じ、46.7%が「アジア系移民はオーストラリアの生活習慣を受け入れようとしない」と否定的に捉えているが、63.2%が「アジア系移民の流入によって食生活が豊かになった」と肯定的に捉えていることが示されている（朝水 2003：35)。ここから、オーストラリアでは多文化主義が導入された80年代以降、オーストラリア社会に馴染まないアジア系に否定的な印象をもちつつも、多様化する食文化を楽しむ人々の様子がうかがえる。

2017年の外食動向のレポートによると（Eating Out in Australia 2017)、オーストラリアでは平均週２・３回外食するようだ。様々な食文化を楽しむ人々の傾向に変化はないようだが、今や「古ぼけた料理（old cuisine)」となったイタリア料理や中華料理、ギリシャ料理、ハンバーガーなどのいわゆるアメリカ料理の人気は低迷し、ファストフードの利用も20%近く減少している。他方、健康的な食事であるとみなされる野菜を多用する、モダン・オーストラリアン、シーフード料理、日本料理、韓国料理、ベジタリアン料理、ベトナム料理などの人気が上昇している。

マレーシア料理・シンガポール料理の人気は46.5%と低くはないものの、前回調査時より7.5%減少している。同じ東南アジア料理のカテゴリーにあるタイ料理は78.3%（前年比3.8%減)、ベトナム料理は55.6%（前年比0.9%増）で、マレーシア料理・シンガポール料理は、すっかり市民権を得た中華料理ほどではないものの、認知度が高いことがわかる。スーパーマーケットのインスタントスープ売り場では、ラクサ味の商品がチキンスープやトマトスープと並んでおり、マレー半島由来の食文化がオーストラリアの食卓に広く受け入れられていることがわかる。とはいえ、マレー半島の食文化はココナッツミルクや油、砂糖を多用することから、健康的な食べ物ではないとみなされ敬遠されつつあるようだ。

6 どこで、誰と、どのように食べるか

ここまで、家族と親族、居住空間と地域社会の構成、あるいは生活領域における宗教と世界観、および秩序や食の価値体系（つまり食をめぐるソーシャリティ）を異にする人々の、相互の調整と共生の具体例を紹介してきた。食をめぐる一連の行為は集団間の差異化をもたらす一方で、集団内部において結束を高める共同化の作用をもつ。例えば、故郷を離れ新しい土地に住むことになった移民にとって、馴染みある食べ物を新天地でも食べ続けることは、故郷と自らを結ぶ重要な行為であると同時に、他集団と自己との差異を示す指標として機能する。つまり移民が移住先の土地で、新しいアイデンティティや関係性をつくりあげるための媒体ともなる。

「どこで、誰と、どのように食べるか」という日常生活における食のソーシャリティの研究は、「食べる」物と行為の両面から、異なる社会文化の研究に有益な見方を与えてくれる。

【読書案内】

櫻田涼子・稲澤努・三浦哲也（編）『食をめぐる人類学—飲食実践が紡ぐ社会関係』昭和堂，2017

ラプトン，デボラ『食べることの社会学—食・身体・自己』無藤隆・佐藤恵理子（訳），新曜社，1999

森枝卓士『食べてはいけない！』白水社，2007

Anderson, E.N., *Everyone Eats：Understanding Food and Culture*. New York：New York University Press, 2005.

3　暮らしのなかの食とアイデンティティ

1　なぜ食とアイデンティティなのか

「どんなものを食べているか言ってみたまえ。君がどんな人間であるかを言いあててみせよう」。

これは、1826年に『美味礼賛』を書き、美食家（グルメ）の先駆とも言われるブリア＝サヴァラン（Brillat-Savarin）の言葉であり、何を食べているかが、その人となりを表しているという意味である。

同様の言い回しは他でも見られる。英語には“You are what you eat”（あなたはあなたが食べるもので作られている）という言い方があり、この語が英語圏で人口に膾炙するようになったのは、1942年出版の書籍『あなたはあなたが食べるもので作られている―ダイエットで健康を保つ方法』(Lindlahr 1988）以降である。しかし、その後すぐに、健康だけでなく精神、ライフスタイル、思想やアイデンティティなども食事と密接に関わっているという考え方が広がったという。現在では、移民たちの民族アイデンティティに関しても、この言葉がよく使われている。例えば、この語をもじった『私たちは私たちが食べるもので作られている―エスニック・フードとアメリカの形成』(Gabaccia 2009）という、アメリカにおけるエスニック・フードに関する書籍もある。

では、食はなぜ、私たちのアイデンティティとしばしば深く結びついている（と見なされる）のだろうか。また、その結びつきはどのようにつくられ、そこにはどんな要因が関与しているのだろうか。

本章では、とくに私たちの日常的な食のあり方に注目しながら、国家の影響力、市場およびメディアとの関わりにも焦点をあて、その課題の一端を考えてみたい。

2　現代社会における食と生活

（1）食とともにある私たちの人生

そもそも食は、誰にとっても、生まれてから一生、欠かすことのできないものである。私たちの生活と一生は、食とともにあるともいえる。それは、第一に、生きていくためには食べて栄養をとる必要性があるからだが、文化的な動物でもあるヒトは、そこにさまざまな意味を与え、食を通して社会をつくっている。

まず、人は誕生するやいなや、母乳（またはその代替物）という食に出会う。もちろんそれは生命維持・栄養補給のためだが、同時に、母と子どもの絆をつくるうえで重視されたり、女性にとっては母であることの象徴と見なされたりすることも多い。その後も子ども時代は家庭が主な食事の場だが、家庭が位置する地域の食生活や学校の給食をはじめ、菓子などにかんしては特にテレビなどのメディアにも影響を受けるようになる。

そして成長し、就職や結婚などを契機に地元を離れたりして生活が変わると、当然、食生活もさらに変化する。居酒屋やファストフード店などを含む外食も増えてくるだろうが、なかでも結婚（や同棲）は、それまで各々違う食生活を営んできた者同士が食事をともにすることを意味し、人生において最も食生活が変化する機会の一つである。そこでは、夫婦それぞれがそれまで培ってきた食生活の違いが、たんなる味の違いとしてだけでなく、食をめぐる男女の役割分担の違いとしても現れる。そして子どもができると、家庭の食事内容は、しばしば子ども中心に変わっていくが、近年では、親子それぞれ好みのおかずを用意する家庭も増えているという。外食のあり方も、子どもが小さいときにはファミリーレストランなどの利用がふえるなど、変化が見られる。

また、そうした日常的な食事だけでなく、成人式、結婚や出産などの人生の節目に行われる儀礼の際には、いつもとは違う特別な料理が用意され、家族・親族、友人などで会食が行われる。伝統的には赤飯や尾頭付きの鯛だったり、婚礼時の蛤の潮汁や七五三の千歳飴のように特別な食が用意されることもあり、食は人生の重要な節目においても大きな役割を果たしている。もちろん正月や祭りなどの年中行事も、それぞれの行事に合わせた特別料理を皆で食べる機会である。ちなみに日本では生後100日頃に、「お食い初め」「箸始め」などと呼ばれる、初めての食事を儀式化した祝事がある。これは、赤ん坊の歯が生えてくるとされる頃（ゆえに「歯固め」と呼ぶ地域もある）、「一生食べることに困らないように」という願いを込めて祝い膳を用意し、食事の真似をさせるものだが、食そのものに直接結びついている儀礼として興味深い。

そしてさらに年月が経ち、子どもが独立し、高齢者夫婦の生活になれば、食事内容もまた変化する。退職などによる経済的な変化や、加齢に伴う身体的な変化や病気等もその契機になる。そして死に際しても、葬儀では会食が行われるだけでなく、死者にも枕飯や陰膳などが用意される。これは、その後の法事や彼岸の際のお供物も含めて、死後の食事ともいえよう。

（2）食の違いとアイデンティティ

さて、このように大雑把に見ただけでも、私たちは生まれてから死ぬまでの間、さまざまな食と、さまざまな関わり方をしている。私たちが何を、いつ、どのように、誰と食べ、それをどう意味づけているのか等々についてみていくと、そこからは、私たちの生活の全体像、すなわち、私たちを取り巻く家族・親族、地域社会、学校、職場、メディア等々のあり様が、如実に浮かび上がってくる。「読書ノート⑥」（143頁参照）でも紹介したように、クーニヤンが「食を中心とするライフヒストリー」という手法を用いて民族誌を書こうとした意図もここにある。

例えば、筆者が調査しているイタリアの食生活は、食事の内容だけでなくその様子も私たち日本人とはかなり異なっている（宇田川 2011）。イタリアでは母親（マンマ）を中心に家族で一緒に頻繁に食事をしているとよくいわれる。たしかに、たいていの職場では３～４時間の昼休みを組み込んでおり、昼食は帰宅して家族で食べる習慣がある。さらに日曜日になると、結婚等で

写真3－7　イタリア人の会食の一コマ
日曜日の昼食に家族・親族が集まって、自家製のワインを楽しみながら談笑している。

離れて暮らしている子どもたちも親の家に集まり、いわば大家族で昼食をとる姿が見られる。しかし、常に家族で食事をしているわけではなく、夕食は地域の友人たちと一緒に食べることも多い。彼らは仕事を終えると、一旦帰宅するがもう一度外出し、地元の友人たちと居酒屋などで食事をするからである。つまりイタリアでは、食は家族だけでなく地域社会においても重視されており、そのことが、彼らの地域の伝統的な食への関心の高さにつながるとともに、近年では後述のスローフードのような食の見直し運動を数多く生んでいるとも言えるだろう。

いずれにせよ、私たち一人ひとりの人生・生活とは、こうした日々の食の集積・蓄積から成り立っていると見なすことができる。まさに「あなたはあなたが食べるものでできている」のであり、食は私たちのアイデンティティと密接に関わり、食がアイデンティティをつくりあげているだけでなく、逆にアイデンティティによってつくられていくこともある。

そもそも食は、いかなる国家・民族・社会においても、そこで暮らす人々が長い間、自分たちの生活に合わせて育んできたものである。したがって、地域や社会による差異や特徴があるのは当然であり、そこから、ある食材や料理が、その地域や集団などを代表する食として注目されるようになることは多い。そしてそれらは、日本人といえば米、パスタといえばイタリア、キムチと言えば韓国などのように、特定の食やその特徴が国や民族と強く結びつけられていくと、しばしばナショナル・フード、エスニック・フードなどとも呼ばれる。食は、国や民族のアイデンティティの象徴にもなるのである。

■読書ノート⑥　キャロル M. クーニヤン■

『トスカーナの食卓をめぐって—20世紀のフィレンツェにおける食・家族・ジェンダー』（Carole M.Counihan 2004）

本書は、アメリカ人人類学者クーニヤンによる、イタリアの家族生活を題材とした民族誌である。彼女は1968年にフィレンツェを訪れ、調査研究をしながら、何回かの中断を交えて1984年まで暮らした。その間、あるイタリア男性と一時期パートナーとなり、彼の家族親族らとの付き合いも深まった。そして82年から84年、その彼らに、自分も家族の一員だった経験を生かして、とくに食という観点からライフヒストリーに関するきめ細やかな聞き取りを行った。本書の記述は、その記録と、2003年の再訪時の追加インタビューから得た資料をもとにしている。

本書の主たるテーマは、彼らの食生活そのものというよりも、食を通して見えてくる夫婦関係、親子関係などの家族のあり方とジェンダー関係である。家族やジェンダーというテーマは、家庭内のプライベートな問題でもあるため、その詳細な実態は外部者からは見えにくく、当事者にとっても、明確に意識化・言語化されているとはいいがたい。クーニヤンは、そうした家内領域を可視化するため、そこでの活動の中心をなしている食に着目した。実際、彼らがいつどこで誰と何を食べているのか、誰がどのように生産、加工、購入、調達、調理等に携わり、それらの食についてどう語っているのか、また、そこにどんな変化があるのか等々をていねいに見ていくと、彼らの家族やジェンダーにおける複雑な力関係や変化が、微妙なニュアンスとともに如実に浮かび上がってくる。そしてさらには、国家や外部社会との関係や影響もより具体的に見えてくる。

こうした「食を中心とする（food-centered）ライフヒストリー」という手法は、個々人の食の記憶に積極的に注目し記録・分析する作業でもある。その方法は他の社会の調査にも有効であり、実際、その後の食文化研究に大きな影響を与えた。

また、同じくイタリアで調査経験のある筆者は、本書の具体的な描写に同意しつつ、そもそもイタリアでは、人々の食への関心が日常的に強く、食の社会文化的な位置づけが高いのではないかとも考える。だからこそ、グローバル化による急激な変化が起きるなか、イタリアではいち早くスローフード運動のような食の見直しの動きが始まったのだろう。そしてクーニヤンも、同様の理由から、イタリアでの生活をとおしてfood-centeredという観点を見出したのではないかと、筆者には思われるのである。

【宇田川妙子】

●数々の野菜が並ぶローマの青空市場。人々は今でも市場で店主と直接会話しながら買い物をするのを好む。

ただし、そうしたナショナル・フードなどは、しばしば当事者が自分たちで作ったものというよりも、後に述べるように外部の視線によって作り出されたイメージ、いわばステレオタイプでもある。実際、食の実態は、同じ国や民族のなかでも、地域差だけでなく時代や世代、階層や職業、そして家庭や個人によっても異なってくる。しかし、その一方で食は、ナショナル・フードに限らず、より積極的に自分（または自分たち）が何者であるかを主張し、そうした承認を獲得するための手段としても使われる。実際、社会的な地位が上がると、それに見合うように食のあり方を変えることは少なくない。さらに近年では、環境問題への関心からオーガニック食を選択する人もいる。どんな食を選ぶかは、集団の次元だけでなく各自のライフスタイルや思想という個人的な次元とも関係しているのである。

（3）変化する食と私たちの関係

しかし、そうした違いや特徴はけっして不変ではない。例えば、今でこそトマトはイタリア料理を象徴するといわれるが、16世紀にメキシコから渡来し、イタリア全土で広く食されるようになったのは、19世紀になってからである。こうした交流による食の変化は、以前からも世界のあちこちで起きていたが、近代以降、その変化の速度と規模は急激に増した。産業化、商業化が進み、食の加工や保存が容易になり、交通が発達していくにともなって、食は、それぞれの環境や文化という「拘束」を解かれて、他の地域にも容易に流通していくようになったためである。

そして近年では、さらなるグローバル化、食産業の大資本化による大量生産・流通の流れが、その傾向を強く推し進めている。食のあり方は、世界的にいっそう効率化され均質化されるようになり、そうした状況は、グローバルで画一的な食の代表たるファストフードの企業名を使って「マクドナルド化」とも呼ばれる。いまや、世界のどこでも同じ食材や料理が手に入ることは珍しくなく、各地の食の違いは小さくなっている。日本の私たちの状況を見ても、半世紀程前には珍しかったパンやパスタがごく普通に家庭の食卓に並んでいる一方で、地域差は減少し、全国の食卓の様子は、かなり均質化しているだろう。

とするならば、食の地域・文化的な特徴や差違、それにまつわるアイデンティティ意識も、私たちが思っているほど強固なものではないのかもしれない。しかし他方では、差異が完全に消滅してしまうわけではなく、逆の現象も起きている。

実際、グローバル化によって交流が深まると、逆に互いの違いをあらためて認識するようになるためか、地域固有の伝統的な食が観光の目玉になったり、復活が試みられたりしている。また、環境問題や健康問題という観点から現在の食産業を見直そうとして、なるべく地元の食材を食べようとする地産地消的な運動が生まれたり、さらにはベジタリアン、ヴィーガン（完全菜食主義者）など、個々人の主義や考え方にもとづいて食のあり方を選択しようとする人たちも増えている。食と個人や社会との関係は、かつてから常に変化していた。しかし現在、変化がますます速くなり地球全体を巻き込むようになっただけでなく、均質化の一方でさらなる差異化や個人化の動きも重なり、状況はきわめて複雑になっている。私たちは、そのことを念頭に置きつつ、現代の食と生活の関係を考えていかなければならない。

3　食の選択とアイデンティティ―社会階層とジェンダーの観点から

（1）社会階層

では、そもそも私たちは日常的に食をどう選択し、その選択が私たちのアイデンティティとどう関わっているのだろうか。その仕組みはどうなっているのだろうか。この問題を基本に立ちかえって考えるために、まず、社会階層と食との関わりについて見てみたい。食のあり方はたしかに地域や国によって異なるが、同じ場所で暮らす人々の間にも違いがある。その一つが社会階層である。

食生活と社会階層の関連といえば、1960年後半のフランスの生活調査をもとに行われたブルデューの研究がよく知られている。彼は、人々の食生活を経済的な指標だけでなく、経営者層、自由業・上級管理職層、教職層などの職業による階層差にも着目し、食の選択には階層の価値観の違いも大きく関与していることを明らかにした。

彼の研究を簡単に紹介すると、高収入層では、低収入層と比べるとエンゲル係数の値が低いだけでなく、パン、豚肉、バター等の消費が少なく、魚、果物、食前酒などの消費が増える傾向にあるという。これは一見、経済的な問題のように見える。しかし同じ高収入層でも、経営者層と自由業・上級管理職層とでは内容がかなり異なることに気づくと、そこからは価値観の違いが浮かび上がってくる。たとえば、経営者層の食事は、猟肉やフォアグラなど高カロリーで重たいものが多く、高価で、量も多い。この特徴は、基本的には労働者層の「高カロリーで重たい」食事傾向と同じであり、いわばその豪華版である。他方、自由業・上級管理職層は、そうした「高カロリーで重たい」食事を大衆的で「下品なものへの嗜好として否定的に捉え、自らは軽いもの、繊細なもの、洗練されたもの」を好むという（ブルデュー 1990：282）。そしてもう一つの教職層は、イタリア料理や中華料理などの異国趣味的な凝ったものを消費する傾向にある。彼らは他の二層と同様に支配階級に属するが、経済的には両者より劣っているため、その範囲内で食事に凝ることによって経営層などの豪華な食事に対抗し、支配階級における自らの独自性を追求しているのだという。このように人々の食の実践は、とくに経済的な余裕のある層になると、より広い選択が可能になることもあって、それぞれの価値観や自意識のあり方と密接に関連して行われているのである。

以後、同様の研究は、大規模なものは少ないが他でも行われており、日本でも、高校生の食生活について親の階層との関連を調査した研究（佐藤・山根 2008）や、酒などの個別食材に注目した研究がある。例えば、小林盾（2000）は、日本の社会階層と食生活の関連を分析するには、穀類や肉類のように誰もが日常的に食べている食材よりも、野菜や海藻のように意識的・選択的に摂取されているものの方が適していると考え、この 2 者に注目した調査を西東京市で行った。その結果、職業差はあまり見られないが、高学歴層ほど野菜と海藻をよく食べていることを明らかにし、そこには、高学歴層の健康意識の高さ、その知識や情報リテラシーの高さが関わっていると考察している。

（2）差異化とアイデンティティと食

こうした社会階層と食生活の関連については、私たちも経験上ある程度の想像はつくだろう。ただし、ブルデューの議論でより着目すべきは、ただ各階層の食生活に特徴があるというだけでなく、その特徴が他の階層との差異のなかで意識されていることを指摘した点である。例えば、自由業・上級管理職層の「軽いもの・洗練されたもの」志向は、あくまでも、経営者層の「重いもの・豪華なもの」志向との対比のなかで意識されている。つまり、各階層の食の特徴は、自らの社会階層を他から差異化しようとする意識、すなわちアイデンティティでもあり、したがって、そうした食の実践は、自らの階層を再生産することにつながっていくことにもなる。

実はブルデューの研究は、食だけでなく、被服・美容、教養娯楽なども含めた文化的活動全般を対象としたものである。彼は、それらの活動にはそれぞれの社会階層の再生産にかかわる性向（彼の言葉ではハビトゥス）が内包されていると考え、「文化資本」と命名した。そもそもブルデューは、各社会において諸関係の形成に関与し、その際に価値と希少性があるとされるものを「資本」と定義し、その資本には経済資本（財産や金銭等）と社会関係資本（人脈等）のほかに、学歴、絵画などの文化財の所有、食の実践などに含まれる知識や慣行、センスなども含まれると考えた。そしてこれらを文化資本と呼び、人々はそれらを追求し獲得・蓄積することを通して、自らの社会的地位、社会関係、社会階層を作り上げていると論じたのである。

ここからは、食がこうした文化資本の重要な一角として、人々の社会的地位や社会関係に密接に関わり、その指標やアイデンティティにもなっているという考え方が浮かび上がってくる。同様の考え方はブルデューだけでなく、ほかにも、中世からルネサンス・近代にかけての西洋社会における礼儀作法の変化を論じたエリアスの『文明化の過程』(2010) にも見てとれる。エリアスは、この時代、宮廷などにおいて、話し方、振る舞い方、服装などに関する行儀作法がつくられ始め、それらが洗練された文明的振る舞いと見なされていき、次第に他の階層にも広がったことを描き出した。そしてこの変化は、西洋社会が自らを非西洋社会に比べて文明的とみなす意識の根幹にもつながっているという興味深い議論を展開したが、そこでも、食に関する作法は重要な項目の一つになっている。例えば、西洋の食卓ではかつて、共同のナイフやスプーンが主に取り分け用として使われていただけで、人々は手で食べ物を取って食べていた。しかし次第に、まずは上流社会でフォークが出現し、手で食べることは禁止されるようになった。これは、エリアスによれば、病気の感染などの衛生問題というよりも、直接手や指を使うことの嫌悪感・羞恥感の高まり、いわば洗練された文明人としての意識の誕生だったという。ルイ14世統治下の17世紀フランス宮廷社会になると、これらのマナーのほうが貴族の地位にとって経済的な富以上に重視されたという。これはまさにブルデューのいう文化資本である。

このように食は、マナーも含めて、自分や自分たちを他の人や集団から差異化させる側面をもっている。それゆえ人々は、意識的に食を自分の社会的地位の維持や向上のために用いたり、国家などのレベルでは、後述のように、より望ましい国民を醸成するなどの目的で利用したりすることもある。また最近では、階層を含めた社会のあり方が大きく変わり、食に関する価値観や知識も肥大化するとともに多様化し、食の文化資本としての内容や位置づけも変化していると考えられるが、この問題についても後述する。

（3）食にあらわれるジェンダー

もう一つ、ジェンダーも、私たちの食生活とアイデンティティの関連を考えるうえで重要な要素の一つである。そもそも食をめぐっては、実生活の行為の次元から象徴やイメージの次元まで、ほぼあらゆる場面でジェンダーとの関わりが非常に強く見られる。

たとえば、食べることそのものが、男女の性的行為の比喩として用いられることは多い。その場合はたいてい、男性が食べる側、女性が食べられる側（食べ物）にたとえられるため、男性を主体、女性を客体と見なす男性中心主義的な考え方が背後にあるといわれるが、それは女性の生殖能力の象徴的な表現であるとも考えられている。世界各地の神話において豊穣神の多くは女神であり、日本書紀のウケモチノカミもその一例である。ウケモチノカミ（「ウケ」は食べ物の意味）は、ツクヨミノミコト（アマテラスオオミカミの弟）によって殺された後、その体の各部分から五穀や牛馬、繭、大豆等が生じたとされる女神である。これは、食事を作るのは女性であるという性別役割のイメージにもつながるかもしれない。また、肉は女性よりも男性が好む傾向にあるといわれたり、一方、甘い物や菓子類は、とくに日本では女性や子どもの食べ物とみなされ、男性が甘い物好きと公言するのは、はばかられたりすることがある。ここには食べ物の選択が男らしさ・女らしさに結びつき、食べ物の優劣関係と男女の優劣関係が重なり合っていることも見えてくる。

ところで、これらは、単なるイメージではなく、しばしば現実生活を反映し規制しているともいわれる。実際、男はソトで働き、女はウチで家事をするという性別役割分担は、程度の差こそあれ、ほとんどの社会で見られ、食事の準備はたいてい、そうした女性による家事の重要な部分を占めている。日本ではかつて、しゃもじが主婦の権力の象徴とされていた。また1970年代半ばには、某インスタント・ラーメンのCMで、女性がラーメンを作り男性がそれを食べるという映像とともに「私作る人、僕食べる人」というコピーがTVで流されたこともある。このCMは性別役割分担の固定化であるという抗議を受けて数ヵ月後に放映が中止されたが、現在でも弁当作りはたいてい母・妻の仕事になっているなど、その傾向は残っている。

したがって、こうした食にかかわる日常的な性別役割の積み重ねは、男女それぞれのジェンダー・アイデンティティの形成にも強く影響してくる。つまり、女性にとって、食事の準備をして家族に食べさせることは、その社会が期待している女性役割を身につけ、女性としてのアイデンティティを獲得していくことを意味する。授乳も、子どもに自分の乳を与えるという意味ではその一つであり、母乳が出ないことに悩む女性は少なくない。一方、男性に関してはかつては「男子厨房に入らず」といわれ、料理は男らしさを損なうとされることが多かった。

（4）変化する性別役割分担と食

ただし近年、性別役割のあり方は変化している。そもそも、過去を振り返ってみると、こうした男女の役割分担が固定化していくようになったのは近代化以降である。それ以前は、例えば日本でも、女性は家事だけではなく農作業などにも携わっていた。また人類学の調査では、性別による偏りが見られても、男性も手が空いていれば食事を作り、調理が女性のアイデンティティや評価に直結しない社会も多く報告されている（中谷 2003、宇田川・中谷編 2007)。ところが近代化は、女性をもっぱら家内に閉じ込めて主婦化するようになり（落合 2019)、それに伴って調理をはじめとする家事が、女性、妻、母としてのアイデンティティにいっそう強く結びつくようになったのである。母乳による育児が推奨されるようになったのも近代以降である。

とするならば、最近の変化はけっして不自然ではないだろう。性別役割分担の根拠はしばしば、女性の妊娠・出産の機能にあり、よって自然なものと考えられがちだが、それは、絶対的なものというよりも、それぞれの社会で長い歴史のなかで文化的に意味づけされて浸透してきたものである。それゆえ変化は可能だし、近年の日本でも料理することに抵抗感を感じない男性は増えている。

また、そうした変化とともに、男性は肉食で女性は小食だとか、アルコール類は男の飲み物である等の考え方やイメージにも変化が見られる。たしかに男女では、その体格差から必要摂取カロリーには差があり、ホルモンなどの差異が嗜好に違いをもたらすかもしれない。しかし、そうした身体差に関してはジェンダー差より個体差のほうが大きく、年齢によっても違ってくる。したがって、にもかかわらず男女の食器の大きさが異なる日本の夫婦茶碗のように、一律に男女の食に差があると見なすことは、社会文化的な産物でしかない。

食もジェンダーも、ともに人の生物学的な側面に直結し、私たちが生きている限り常に生活のなかに刻み込まれている。そのせいか、両者は文化的にも互いに密接かつ複雑に関わっており、私たちは食をとおしてジェンダーを意識したり表現したりすることは少なくない。そして、だからこそジェンダーと食の関係は、社会階層の場合と同様、社会文化によって異なり、歴史のなかで変化しているのである。

4 国家の役割と影響力

（1）国民料理・国民食とは

現在、私たちの食のあり方を考える際、国家を無視することはできない。国家にとって、国民の生命を維持し、より良き国民をつくることは国力につながる。したがって国家は、これまでも戦争時や飢饉時の食料配給などのように国民の食生活に様々な形で介入してきたが、介入は飽食の時代といわれる今も続いており、そのあり方は私たちのアイデンティティ意識にも直接・間接に関わっている。しかもそれは、ナショナル・アイデンティティだけでなく、良き母として子どもたちに十分な食事をさせることを女性の役割とみなす学校教育がなされていたように、ジェンダー・アイデンティティなどにも影響を与えてきた。よって次に、とくに近年における国家と私たちの食生活との関わりについて考えてみたい。

近年、国民料理（ナショナル・キュイジーヌ）や国民食（ナショナル・フード）という言葉がよく聞かれる（ここでは以降、両者ともに国民料理という言葉を用いる）。国民料理とは、その研究の先駆者アパデュライ（Appadurai 1988）に即していえば、「フランス料理」のように、国家の名前を冠する料理のことである。つまり一般的には、その国の代表的な料理や食ということになるが、詳しくみていくと、それは国民国家の形成という歴史と深く関わっており、ナショナリズムの発露の一つとも見なせる。例えば、2013年、和食がユネスコ無形文化遺産のリストに登録された際、日本の伝統的な料理である和食は私たちの誇るべき日本文化の一つであり、世界的にもっと発信していこうという機運が生まれたことは記憶に新しい。

しかし、国民料理とアイデンティティとの関連は単純ではない。例えば、私たち日本人は日常的に和食だけを食べているわけではない。米や出汁など、代表的な日本の食とされているものが、日本人意識と無関係とはいえない一方で、それらを食べなくともあるいは嫌いでも、日本人ではないなどと非難されることはないだろう。国民料理は、この点において、国語、国歌、国旗などの、ナショナリズムに関わる他の文化的装置や象徴とは、若干性格が異なるかもしれない。

そもそも、和食のユネスコ登録の申請時、その定義をめぐって喧々諤々の議論が行われたように、どの国民料理も定義は困難であり、その形成の過程自体がきわめて複雑である（西澤 2019）。たとえば、イタリア料理を見てみると、その誕生は、実は、イタリアが統一された19世紀半ば以降のことにすぎない。それ以前は各地の食生活は極めて多様で、それらを何らかの指標のもとで「イタリア料理」として一括りにするのは不可能に近かった。今ではイタリア料理のシンボルとされているトマトとパスタも、全国的に知られるようになったのは19世紀末頃である。発端は19世紀初頭、ナポリ地方でトマトソースのレシピが生まれ、そのトマトソースが、同時期に工場生産されるようになったパスタと合わさったことに始まる。その後、このレシピが『料理の技術とうまく食べる技法』（1891年発刊）などの料理本を通して全国に広まっていったが、その背後には、トマト缶などの保存技術が発達・普及するとともに、鉄道などの交通網が全国的に整えられていったことも関係している。しかも、各地でパスタが日常的に食されるようになったのは、一般家庭にも経済的な余裕が出てきた戦後になってからだという。国民料理の形成は、近代化や国民国家化および経済発展の過程と密接に結びついているのである。

（2）外部の視線がつくる国民料理

また、このイタリア料理の形成には、もう一つ重要な要因が関わっている。19世紀後半は、実は、多くのイタリア人がアメリカ等へ移民した時期でもあった。移民たちはホスト国での困難な生活のなか、しばしば生業としてレストランを開くようになった。それらは当然「イタリア料理」と呼ばれたが、これは、まだ1860年のイタリア統一から間もない時期、イタリア人意識も不十分だった彼らが、自らの料理を「イタリア」という名ではじめて明確に意識する機会にもなった。そしてこうしたイタリアの外での成功は、パスタやトマト缶などの食品の需要を高め、国内における食産業を刺激した。以降、それら食品はイタリアの代表的な輸出品になり、現在に至っている。

さて、こうしてみると国民料理の形成には、それぞれの国内部におけるナショナリズムの盛り上がりだけでなく、外部からの視線も重要な要因になっていることがわかる。なかでも移民という経験は大きく、他の国民料理でも、しばしば同様の経緯がみられる（Wilk 2002）。そもそも移民たちにとって食は、出身社会とのつながりを維持し想起する有効な手段の一つである。よって、本国以上に伝統的な食生活が実践されたり、一度消滅しても、ホスト国における自分たちの民族的なアイデンティティの主張のために復活したりする事例が多く報告されている（Gabaccia 2007）。また、日本の寿司の世界的なブレイクは、アメリカで注目されたことが大きな要因だったように、ある国の料理の特徴が他国で評価されて逆輸入される事例も多い。その意味では、観光という、移民とは逆の動きも見逃せないだろう。観光の楽しみの一つは、その土地や国の典型的な（と思われる）食文化を経験することである。よって観光地側も、集客のために、そうした外から見た自分たちの特徴的な（と思われる）食文化を積極的に提供して、より強調してしまうことも少なくない。

とするならば、そうした国民料理が、実際の人々の食と乖離があるのは当然である。イタリアでも、皆がいつもパスタやトマトを食べているわけではなく、トマトソースをあまり使わない地域もある。しかし、その一方で、それらがイタリア料理の代表であることに異存があるわけではなく、そこにイタリア人としてのアイデンティティを多少なりとも感じていることも事実である。そして近年では、国民料理の経済的な効果を期待して、国家側も積極的に関与するようになってきた。例えば、イタリアでは2015年に食をテーマとした万国博覧会がミラノで開催された。そこにはイタリアの食文化の豊かさを世界に示して経済発展につなげようとする意図もあった。また、ユネスコ無形文化遺産の登録もその一つであり、2008年のメキシコ料理の登録以降、各国の食文化の登録は競うように増えている。もちろんそれらは、経済的効果だけでなく人々のナショナル・アイデンティティを刺激し、一般の食生活

写真３－８　ミラノの万国博覧会（2015年）
会場のメインストリートには､イタリア各地の多様なチーズ、パン、魚介類が一堂に展示された。写真では、各地のチーズが棚の上に置かれたり横棒に吊るされたりしている。右手に参観者が見える。

にも影響をもたらすこともあるだろう。ただしその場合も、国民料理といわれているものがどうつくられてきたのか、実際の食のあり方はどうなのかなど、常に批判的な視点をもつことは重要である。

（３）食をめぐる供給・規制・管理

このように国民料理は、主に国家と食の関わりをめぐるイメージの問題だが、一方で国家には、私たちの食生活に直接関与している側面もある。その影響は、規制が相対的に緩い資本主義国家においても決して小さくなく、私たちの食にかかわる意識やアイデンティティを考えるうえでも看過できない。よって、この点についても簡単に見ていこう。

そもそも国家にとって、国民の生命にかかわる食料政策は重要な関心事の一つである。飢饉、戦争、災害などの緊急時だけでなく、日頃から国家は主食を中心とする食料の供給や価格を安定させるために、品種改良等なども含めた生産促進、日本の減反政策のような生産調整、さらには食料輸入をめぐる貿易問題など、数々の施策を行っている。ゆえに施策の転換が、私たちの食卓の様相を大きく変えることも多い。例えば、日本では今、多種多様なブランド米をスーパーマーケット等で容易に購入することができるが、以前は、販売が許可されていたのは米屋のみであり、食糧管理法で厳しく管理されていた。しかし1990年代、国際的な自由貿易の流れのなか、日本も米の輸入自由化を受け入れることによって、1995年に同法が廃止されて食糧法となり(2004年改正)、米の生産と販売は大幅に自由化した。ただし、こうした長年の国家による厳しい米政策が、今も続く日本人の米食に対する根強い意識を支え再生産してきたことは間違いないだろう。また、国家間で行われる関税交渉は、当然のことながら、肉、チーズなどの乳製品、ワインなどの海外からの食品輸入にもかかわるが、それは私たちの食卓だけでなく、国内におけるそれらの生産のあり方にも大きな影響を与えている。

また現在では、食品添加物などの化学物質や衛生管理などに関連する健康被害・懸念から食の安全・安心にも注目が集まっており、これも、国家の関与がますます求められている領域である。サプリメントなどの栄養補助食品が増加したり、遺伝子組み換え食品が出てきたりするなどの状況も次々に起きている。このため各国では、それぞれの基準・規格、その監視や表示化などに関する制度が、より厳格に整えられるようになり、日本でも2013年、それまでの法律を整理・統合して食品表示法がつくられた（施行2015年)。今や私たちが手に取る食品には、成分、原産地、機能などに関する表示が義務づけられ、有機農産物や特定保健用食品をはじめとする認定マークもつくられている。そして急激なグローバル化を背景に、それらの基準や表示等を国際的に統一しようとする動きもある。ただしそれは、たんなる安全問題を超えた経済的な利害や文化・慣習の違いなども絡んだ国際問題にもなっており、そこでも国家の果たす役割は非常に大きい。

（4）国民の身体をつくる食

国民の健康や栄養の管理という身体にかかわる領域も、もう一つの国家の重要な関心事である。例えば、日本では、健康増進法（2002年以前は栄養改善法）という法律の下、国民栄養調査の実施や自治体による栄養指導などが規定され、適正な食生活に関する項目やその数値目標が厚生省によって策定されている。

たしかに、これらの指針はあまり知られておらず、私たちの生活にすぐには影響しないようにも見える。しかし、例えば2008年からメタボ健診が義務化されると、それ以前は聞いたこともなかった「メタボ（メタボリックシンドローム)」という言葉が一般にも広く浸透し、食生活への注意喚起につながったように、波及効果は小さくない。

しかも、これらの栄養や健康の指標・基準については、実は科学者の間でも意見が分かれており、その設定は科学的な根拠によるものだけではないことにも注意したい。その一例として、アメリカ農務省が定期的に発表している「アメリカ人のための食事ガイドライン」という栄養勧告が、食産業界の利害の絡んだ政治的妥協の産物であることを明らかにした研究がある(Nestle 2007)。この研究によれば、1980年代、アメリカ農務省は、肥満や生活習慣病の防止のため、食べ過ぎを避け、特に肉の摂取量の減少を推奨したが、消費の減退を恐れた業界から強い反発を受けた。その結果、ガイドラインのなかの「避ける」という表現が「少ない方を選ぶ」という婉曲的な言葉に変わったり、「肉を週２／３回」などの数値目標も撤回されたりしたという。身体にいい食べ物に関する情報は巷にあふれているが、そのなかでも国家による発信は、いわば公式見解として強い影響力をもちやすい。しかしその背後には、産業界の利害など、科学的なものとはいえない別の問題も含まれているのである。

（５）子どもの食への国家の関心

また、そうした国家の関心がさらに強くなるのは、子どもに対してである。国家が将来の国を担う子どもたちの適切な成長を期待し、その健康や栄養状態に積極的に関与しようとするのは当然ともいえる。とくに学校給食は、その管理を容易にし、貧困家庭などの格差に対応するためにも多くの国で取り入れられている。日本の学校給食法（1954年制定）にも、学校給食は子どもたちの適切な栄養摂取による健康増進が目的であると明記されている。

しかしそこにも、身体的な意味での健康を超えたニュアンスがみてとれる。

たとえば日本では、最近、「食育」という言葉がよく聞かれる。これは、子どもたちの近年の食生活が、朝食を抜いたりファストフードやジャンクフードなどに偏ったりしているという批判から生まれたものだが、身体的な健康だけに注目したものではない。2005年に制定された食育基本法では、食育を「生きる上での基本であって、知育、徳育及び体育の基礎となるべきもの」としており、食に関する適切な知識を身につけ、健全な食生活を実践できる人間を育てることを主旨としている。そこには、食の乱れは生活の乱れにつながり、食は人間性に結びつくという考え方も見てとれる。また、学校給食法にもすでに、その目的は社交性や協同の精神、勤労を重んずる態度の醸成などにもあると明記されており、さらに遡れば、近代化を急いでいた明治期の日本の教科書にも、食事の作法に関する記述が多く含まれていた。これも近代的な国民としての振る舞い方を教えるという意味が小さくなかった。そして近年の食育では、子どもたちに和食や郷土料理を教えたり給食のメニューに取り入れたり、食を通して日本の伝統的な文化への関心を強めようとしており、それは日本人というアイデンティティの醸成と無関係ではない。

そもそも食が、狭義の身体にとどまらず、個人の人格やアイデンティティにつながるという考え方があることは、先節で述べたとおりである。とするならば、国家による食に関わる施策にも、国家が望ましいと考える人間像が直接・間接を問わず関与していることは不思議ではなく、そのことが最も端的に表れるのが、子どもの食をめぐる施策であるともいえるだろう。ただし、その国民像はどのようにつくられたものだろうか。すでにみたように、国家が定めている健康や栄養にかかわる基準値や定義等は、一見科学的であっても、そこには他の政治的経済的な要因も絡んでいる。一方、国家の施策や方針が私たちの食にもたらす影響は、生産・流通・消費のあらゆる側面において見逃すことができず、グローバル化とともにさらに大きくなっている。私たちは、そうした現代だからこそ、自分たちの食の実態や考え方が、実は様々な思惑をもつ国家にも影響を受けているのではないのかと、あらためて見直していく必要があるのである。

5 消費社会における食生活の二面性

（1）消費されるものとしての食

かつて食といえば「不足」しているものだったが、現在では、先進諸国を中心に「過剰」ともいわれる飽食の時代になっている。食はもともと、主にその土地の環境・社会・文化のなかで育まれてきた。しかし技術の発展、交通の発達などを背景に、その拘束が徐々に解かれ、さらには大資本を背景に大量生産・大量流通のグローバル化が進み、私たちは世界中の食材や料理に容易にアクセスできるようになっている。では、そうしたなか、食とアイデンティティの関係はどうなっているのだろうか。

そもそも現代は消費社会でもあり、食は今や、生産するものというより消費するものになっている。そして市場は、私たちの消費をさらに喚起するため、数多くの多様な食品を次々に提供するとともに、その商品にかかわる情報をテレビ、新聞、雑誌などのメディアをとおして広めている。しかもその情報は、食品に関する単純な説明というよりも、健康や安心、新しさや伝統、文化などのイメージであることが多い。こうした消費社会一般の特徴に着目したボードリヤールは、著書『消費社会の神話と構造』(1995) で、現代社会の商品の価値とは機能・効能などではなく、それに付与されたブランドのような記号（より正確にいえば、他と差異化された記号）であると指摘した。すなわち私たちは、食の消費をとおして、食それ自体ではなく、ますます多様化する記号・イメージを日々選択しているのである。

この状況は、一つには、消費者一人ひとりが各自の好みや考え方を食を通じていっそう細かく明確に表明できるようになったことを意味している。それは、食とアイデンティティのつながりの個人化であり、多様化でもある。実際、食の内容や味の好みは、個々人によって多彩になっているだけでなく、環境問題、倫理問題、健康問題などに敏感な消費者は、有機野菜を選んだり、地元の食を購入したり、さらにはフェアートレード食品を購入して発展途上国の支援につなげようとしたり等々、食を通じて様々な意見表明を行っている人も多い。

しかしその一方で、商品に付されているイメージや記号は移り変わりが激しく、そのことを考えると、現在の私たちの食の選択は、明確なアイデンティティの表明というよりも、一時的な流行、ファッションという側面もある。日本におけるそうした食の流行と消費との関係については、畑中三応子の『ファンションフード、あります。はやりの食べ物クロニクル1970－2010』(2013）という興味深い論考がある。最近では、「インスタ映え」という言葉のように、写真として見栄えのする食が好まれ盛んにSNSで発信されているが、これも食のファッション化の一つだろう。

そもそも消費者が、自分の意思で商品を選んでいるように見えたとしても、その商品のイメージの作られ方を考えると、そこには企業などの市場側の思惑も少なからず関わっている。たとえば、スーパーマーケットは、1916年アメリカで、客が数多く並べられた商品を自分で選んでレジに向かうというセルフサービス・モデルとして生まれたものである。そこでは消費者が自由に選択して購入しているように思われている。ただし綿密に調査してみると(Dixon 2007)、その膨大な品揃えは私たちのニーズを遙かに超えており、むしろ、そうした品揃え自体が消費欲を新たに喚起しようとする仕掛けであることや、具体的な商品の配置には、どんな消費者をターゲットにするのかなど、消費者を誘導しようとする店側の意図が細かく計算されていることが浮かび上がってくる。消費社会における私たちの食の選択には常に「裏面」があり、それを通じた個人のアイデンティティの表出にも、個人的・主体的とは言い切れない側面があるのである。

（２）情報化と料理資本

そして最近では、インターネットの普及とともに、食とアイデンティティの関係はいっそう複雑になっている。

インターネットをはじめとする高度情報化が、食消費の場面においても大きな影響をもたらしていることは言うまでもない。食に関する情報はこれまで、前節でみた国家や行政からの発信のほか、テレビ、新聞、雑誌などのマスメディアからもたらされてきたものが大半だった。しかしインターネットの普及は、より膨大で多様な情報を、専門的で希少だったものも含めて、簡便かつスピーディに得ることを可能にした。そしてさらに、SNSなどによって消費者の側から発信することも容易になっている。商品の口コミサイトや、一般の人がレシピを投稿・発信するサイトのほか、外食に関しては、来店者が飲食店の感想・評価を書き込んでランク付けするサイトなども、今や多くの人が利用している。

こうして私たちは、食に関して、その内容や味だけでなく、栄養や安全性、評判、さらには歴史や文化などの付帯情報まで、幅広い情報を（その正確さは置くとして）収集し比較するようになっている。食を通じた交流も格段に容易になった。どの社会でも民族、宗教、思想などの理由で自分たちの食材の調達が難しかったり、その食生活に誤解や偏見を受けたりしていた人は少なくないが、彼らにとっての利便性はとくに大きい。例えば、近年では、動物由来の食品を卵や乳製品も含めて摂取しないヴィーガン（完全菜食主義者）が急激に増えている。その背景には、肉の生産が環境破壊につながるという考え方がネットなどで共感を広げているとともに、肉を使わない料理のレシピやヴィーガン食を提供する飲食店などの情報の入手が容易になったことも関連しているだろう。

この変化は、食に関する知識・情報が一般の人々にもアクセス可能となったという意味で、食情報の「民主化」ともいえるかもしれない。これまで、食にかんして豊富な知識・経験をもち、味の見分けが付き、高い批評眼をもつとされる者は食通、美食家、グルメと呼ばれ（その先駆者が冒頭のブリア＝サヴァラン）、社会的に高い評価を受けてきた。しかし今は、誰もが多様な情報や知識を得るだけでなく、感想や批評も含めた発信も容易になっている。いわば、誰もがグルメになりうる時代である。しかも、珍しいエスニックな食材・料理や、隠れ家的なレストランなどを知っていたり、シェフ顔負けの料理上手だったり、または冷蔵庫の中の残り物でおいしい料理を作れたり等々、食に関して個性的な知識や技術をもっていることにも価値が見出されるようになり、その基準や評価軸が多様になってきたことも注目に値する。

写真３－９　イタリアにおける日本料理店のメニューの一部

最近イタリアでは若者を中心に日本食が流行しているが、寿司ネタや料理名などは日本語がそのまま使われており、メニューでも日本語がアルファベット表記になっていることが多い。これも食の情報化、ファッション化の一つかもしれない。

そして近年、こうした状況について「料理資本」という、ブルデューの「文化資本」を下敷きにした言葉が生まれていることも興味深い。食は、現在、各個人の社会的な評判や地位を形成するに当たって、他の文化資本と比べてより重要な「資本」になっているという意味である。

実際、個々人の承認欲求のツールともいわれるSNS上では、自分が食べたり作ったりした料理の写真など、食に関する発信が極めて多い。それは、先に見たように食のファッション化でもあるが、他方では、各自が自分の食をアップすることをとおして、個人のアインデンティティを表現し、他と差異化し、承認を得て、地位や評判を高めようとする行動である。こうした状況はまだ始まったばかりである。しかし、今後の私たちの食とアイデンティティとの関連を考えるうえで看過できない現象の一つであることは間違いないだろう。

6　食の見直し運動

（1）食の現状への違和感と責任

現在の食は、先にもふれたとおりグローバル規模の大量生産・流通・消費が進むなか、より多様で安価になった一方で、その問題点や弊害にも注目が集まっている。

今私たちが食べている食には、国をも超えた遠方で生産加工されたものが少なくない。新鮮さが劣るだけでなく、輸送などによる二酸化炭素排出量の増加や、不透明な生産加工過程による健康被害の懸念等を抱えている。また、リッツァ（1999）らが指摘しているように、大量消費システムの稼働には、生産、加工、流通、どの場面でも効率化が必要となるため、商品の規格を標準化するなど、均質化やそれに伴う諸問題も引き起こしている。例えば、売られている野菜の形や大きさが均質なのは、収穫・梱包・輸送のしやすさに起因する。よって規格から外れた野菜はしばしば流通に乗る前に廃棄されてしまう。また、食の生産は天候などによって左右されやすいが、そうした不確定要素を避けて安定的な供給や収量増加をめざすためには、遺伝子操作を含めた品種改良や化学肥料などが用いられることもある。さらにこのシステムは、商品価格を抑えるために、生産は発展途上国において低賃金で行われるなど、生産者の搾取を引き起こし、グローバルな南北問題にもつながっていく。現在の食は、私たちの健康すなわち食の安全・安心問題はもちろんのこと、地球全体の環境問題、そして各地域の文化的固有性や生物学的多様性の減少、さらには社会的格差の助長など、きわめて多岐にわたる問題と密接にかかわっているのである。

こうした現状に対する懸念は、BSEなどの食品由来の疾病や食品偽装などの事件が起きたり、食品ロスなどが環境問題に関与していることが報道されるごとに大きくなり、今では多くの人々が、多少ともなり自分の食のあり方を考え直そうとしているだろう。著名な食研究者の一人ベラスコも、現代の食を考察するためのキーワードとして、「アイデンティティ」、「利便性」、

「責任」の３つを挙げているが（Belasco 2008）、３つ目の「責任」がそれに当たる。

もちろんこの傾向は、責任というより、せいぜい軽い疑問や違和感程度であることも多い。しかし新たな行動や実践も生まれており、たとえば近年、急激にオーガニック、マクロビオティックと名のつく食の需要が高まったり、ファーマーズマーケットなどで地元の食を直接購入したりする人が増えている。それらは健康や環境によいだけでなく、その購入は往々にして小規模な地元生産者の支援につながるとも考えられている。また、一般的にクラフト食と呼ばれる、職人等による手作りの食品にも関心が集まっているが、それも、先述のように「マクドナルド化」した大量生産品とは違って一つひとつに固有の味わいがあり、伝統的で機械生産ではない愛情のこもった（とされる）食を再評価しようとするものである。ただしいずれの場合も、そうした食を常時購入している消費者は多くはない。また、その動きも、オーガニックやクラフトなどの定義が曖昧だったり、企業側がブランド化したりするように、商品イメージの一つとして市場側に取り込まれている側面もあり、ファッション化しているという批判もある。

とはいえ、近年、倫理的消費（エシカル消費）、社会的消費、サステナブル消費（持続可能消費）などの言葉が出てきたように、一人ひとりが自分の消費行動全般を、より広い視野から見直そうとする動きは確実に生まれてきており、食についてもそうした意識が高まっていることは間違いない。むしろ食は、最も日常的に消費され、私たちの生命や地球環境に強く結びついているという意味では、そうした倫理的消費において最も取り組むべき課題とされている（Carrier and Luetchford eds. 2013）。そして、この意識をより積極的な形で実践につなげ、食の現状を見直し、変革していこうとする市民運動も、次に見るようにすでに数多く出現している。

（２）ローカルフード運動

食の現状を見直そうとする運動は、その関心の中心を環境問題、健康問題、社会問題などのどこに置くかによっても違いはあるが、多くの運動に共通しているのは「ローカル」という言葉である。見直し運動が、急激にグローバル化した食のシステムへの批判から生じたことを考えれば、ローカルな食を再評価していこうとする動きは当然ともいえる。日本でも、地産地消などの言葉が普及しているし、フードマイレージのように、CO_2削減のために流通の距離を縮めようとする運動も、ローカルな食の生産消費を促そうとするものである。

よって、食の見直し運動を代表するものとしてローカルフード運動をみていくと、まずそのひとつに、スローフード運動がある。それはイタリアで1986年にマクドナルドの第1号店に対する抗議運動と連動して組織され、世界的に注目されるようになったものである。その際、ファストフードに対抗してその名が付けられたが、創始者ペトリーニは、「おいしい、きれい（健康・環境にとっての意味）、正しい（社会にとっての意味）」という標語の下、健康・環境・社会を害さずに土地ごとに育まれてきた多様な食やその生産者たちを支援することを運動の目的とした（ペトリーニ 2009）。この理念はすぐに世界中に賛同者を得て、1989年には国際スローフード協会が設立され、2019年現在、スローフード協会は160ヵ国以上に支部をもつまでに拡大している。その主な活動は、衰退しつつある伝統的食材をリスト化して生産者を支援するプロジェクトや、世界各地で伝統的な食作りに携わっている小規模生産者たちの会合（テッラ・マードレ）の開催とネットワークづくりのほか、2002年には、食について総合的に考察・実践する人材を育てるために、世界初の食研究専門の大学である食科学大学を設立した。日本からもすでに多くの学生が学んでいる。

このようにスローフード運動は、ローカルな食をグローバルな現代社会を抜本的に見直すための有効な契機とする思想であり運動だが、グローバルな問題意識をこれほど前面に出さずとも、ローカルな食を何らかの社会変革の起爆剤にしていこうとする運動は、他にも日本を含め世界各地で独自に生まれている。なかでも、ローカルフード運動を、とくに疲弊しつつある地方のコミュニティの活性化につなげることを主目的としているものは多い。じつはスローフード運動の発端も、北部イタリアのブラという小さな町（ペトリ

写真３－10　スローフードのロゴのカタツムリをかたどったオブジェ
スローフード協会の本部（イタリアのブラ）の入り口に置かれている。カタツムリは「スロー」の象徴。

ーニの出身地）の地域再興だった。ローカルな食の再興は、それを特産品として観光化を促進し、地元の産業や雇用の確保をうながしたりすることもできる。イタリアではワイン作り体験など、食の生産体験や試食を組み入れたアグリツーリズムといわれる観光の形も増えている。さらには、食を地域の文化的なシンボルとして地域社会全体を活性化させていくことも可能かもしれない。「コラム４」（206頁）のイタリアのパルマの「食の博物館」は、そうした事例の一つである。

そしてもう一つ、これまで消費しか考えてこなかった消費者たちが、生産や流通の現場などにも関心を持ち、そこに積極的に関わることを主眼とする運動もある。現在の食の特徴の一つは、消費と生産の距離が非常に遠くなっていることである。私たちはもはや、自分の食べているものを、誰がどこでどのように作っているのかわからなくなっており、その問題点も見えにくくなっている。この種の運動は、その反省のもと、主に消費者の側から生まれたローカルフード運動である。

例えば、英米圏では「コミュニティ支援農業（CSA)」という名で、消費者が主に地元コミュニティの生産者と、生産物を直接買い取るなどの契約をすることによって小規模生産者を支援する活動が普及している。その際、消費者側から生産者に、有機農法など、より環境や健康に配慮した生産を依頼するなどの注文をつけたり、消費者も生産に参加したりする場合もある。イタリアではGAS（Gruppi di acquisto solidale 連帯購入グループ）と呼ばれる組織が有名だが（Grasseni 2013）、日本でもすでに、1980年代から「産消提携」と呼ばれる運動があり、現在では世界各地で類似の組織が広まっている。また、最近「都市農業」という呼び名で、ビルのベランダや屋上、都市の空き地での菜園作りなども流行しつつあるが、それらも消費者が生産に関与するという意味では同じ延長線上に位置づけられるだろう。

以上は食の見直し運動の一部に過ぎない。ただし、自分たちの食の見直しをとおして、食をめぐるシステムを変えていこうとする意識や実践は確実に増えている。そして、その活動家たちからは、食から社会を変えていこうという気概を込めて、自らを「フードシティズン（直訳すれば「食の市民」）」と称する者も出てきている。

7 複雑化するグローバルとローカルのなかのアイデンティティ

もちろんこれらの見直し運動も、とくに市場や国家とのかかわりから見ると、まだ多くの問題を抱えている。例えば、ローカルな食が商品化され、ブランド化につながって高級化したり、国家や行政の地域振興政策によって利用され政治化したりしてしまうことは少なくない。生産者から直接購入をする運動についても、多くは価格が高くなりがちなことから、経済的な余裕のある層に限定される傾向にあり、だとすれば、この運動は社会格差の再生産につながりかねないという批判もある。

そもそも今注目されているローカルな食は、あくまでもグローバル化した社会のなかで再評価されたものであり、その普及には、むしろ観光やインターネットなど、グローバルな社会状況が必要になっている。その意味では、それはグローバルによってつくられたローカルであり、両者は表裏一体あるいは共犯関係にあるとみたほうがよいだろう。実際、今では２つの言葉を合わせた「グローカル」という造語も出てきている。グローバルの代表格とみなされているファストフードのマクドナルドも、均質化という批判を受けて、それぞれの国や地域の食生活に合わせてメニューなどを多様化させながら今も世界中に広がっている（ワトソン 2003）。

とするならば、こうした状況のなか、私たちの食生活とアイデンティティの関係は、ますます複雑かつ不安定になっており、もはや単純に両者を結びつけて考えることは不可能であろう。私たちは現在、本章で見てきたように、家族や地域社会だけでなく、国家、市場、メディアなどにも取り巻かれ、グローバルな次元もローカルな次元も互いに絡まり合う状況下で食生活を営んでいる。変化も激しく、そうした食を通して私たちが意識するアイデンティティは、それがナショナルなものであれ、ジェンダーに関するものや個人的なものであれ、それぞれ他からも影響を受けざるをえない。

しかしこのことは、食を考えるうえでアイデンティティという視点の重要性が小さくなっていることを意味しないと、筆者は考える。食とアイデンティティの関係が複雑かつ不安定であるということは、裏を返せば、私たちはその複雑さを解明することによって、自分たちの食生活が社会のさまざまな側面につながっていることを具体的に意識化していくことができるからである。それは、今後より有効な形で毎日の食生活を通して自分の意見や考え方を表明し、社会の在り方を変えていく方策を見出していくための重要な一歩でもある。

食は、私たち誰にとっても日々欠かすことはできず、その食をとおして私たちは日々、社会全体と関わっている。このことを明確に意識し、これからの自分自身や社会のあり方を考えるためにも、私たちは、たとえばクーニヤンの「食を中心とするライフヒストリー」にならって、現在の自分たちの食生活を振り返り、自身のアイデンティティ意識との関係をもう一度考えてみることは重要である。冒頭の「どんなものを食べているか言ってみたまえ。君がどんな人間であるかを言いあててみせよう」というブリア・サヴァランの言葉は、より複雑化する現代社会に生きる私たちにこそ、突きつけられているのである。

【読書案内】

ペトリーニ，カルロ『スローフードの奇蹟』石田雅芳（訳），三修社，2009
ブリア＝サヴァラン『美味礼賛』関根秀雄他（訳），岩波書店，1967
西澤治彦（編）『「国民料理」の形成』ドメス出版，2019

第4章

変化する生活環境を生きる

写真（上）：貧困世帯の子供を食事に招き給仕する、市の管区の女性栄養センターの職員。
写真（下）：近年増加した、たこ焼きの屋台。酢を混ぜたココナッツ・ミルクにつけて食べる。
（フィリピン・ミンダナオ島のブキドノン州マライバライ市にて、2010年）

1 食環境の変化と共生

1 暮らしの変化をめぐる3つの課題

食のグローバル化、および多民族的・多文化的状況における暮らしの変化の要因について、次の3つの側面から検討する。

まず第一に、外国の消費文化の影響、メディア・情報等による食文化の画一化、グローバル化とロシアにおけるポスト社会主義期の新たな食文化の生成と創造について（ロシア版ブランド食、チェーン店の展開など）述べる。

第二に、国の社会政治制度体制の転換、変化とそれに対する適応という側面である。以下ではソ連社会主義体制の崩壊とポスト社会主義期の体制転換に伴う、食をめぐる変化について述べる。具体的には、貧困支援の実態と外食産業の変容等である。

第三に、国内における異なる民族文化同士の関係、大規模民族／社会と先住少数民族、中央、都市と地方のような地域間・民族間の関係について、特に都市文化に対置される側面を有する西シベリア北部のトナカイ遊牧民の事例を紹介しつつ、食文化の伝統や新しい環境への適応の問題が取り上げられる。

2 ロシアにおける体制転換と食の変化

（1）ロシアの食／料理文化

ロシアは多民族国家といわれる。しかし、ロシア民族以外の民族は、概してロシア民族の強い文化的影響下にあり、特に都市部の食文化は、多民族性・多文化性を容易に体感できる状況ではないかもしれない。とはいえ、食材や外食産業という面から、ロシアにおける異文化的要素についてふれることは可能である。

モスクワ市の外食産業を例にとれば、旧ソ連の「構成共和国」の諸民族料理、例えばグルジア（ジョージア）料理の「アラグヴィ」、ウズベク料理の「ウズベキスタン」等、外国人にも人気のレストランが多数あり、ソ連期より知られていた。現在のモスクワには、より多種多様な民族料理店が存在し、選択に迷うことになる。他方、今や外国となった旧ソ連の「構成共和国」の民族料理とは別に、ロシア国内の非ロシア系民族の料理店は意外と少ない（例えばタタール料理、ブリヤート料理、ヤクート（サハ）料理店の情報がいくつかある程度）。

このように、ロシア国内の非ロシア系諸民族の食は、ロシア民族の食文化と高度に融合してしまっていることや、外食産業として成立するには、アピール性に欠けるというような要因があるかもしれない。最近のモスクワにおいて、ロシア料理店以外ではイタリア料理店が多く中華料理店は意外と少ない。日本料理店も急増したが、寿司ブームということもあり、それ以外のレストランやカフェテリア的飲食店にも寿司（おそらく冷凍解凍であろう）が置かれて販売されている。

上述のロシアにおける非ロシア系諸民族に関して、彼らの多くは自民族料理文化を、程度の差はあれ保持していることが多い。これらの民族の多くは、民族料理を供するレストランを持つには至っていないが、当該民族のもとでは、ロシアの食／料理文化とは異なる食文化／習慣を体験できる機会も少なくない。本章では筆者の経験から、西シベリアの北部ツンドラ地帯を遊牧範囲とするネネツ人というトナカイ牧畜先住民の食文化と、その変化の諸相を紹介しておきたい（ネネツ人はロシア連邦の先住少数民族約31万人余のなかで最大の人口で約４万5,000人。そのうち西シベリアには約２万5,000人が居住〔いずれも2010年の数値〕）。

（２）旧ソ連における食の状況

ソ連期の外食文化

1990年前後より急速に展開した旧ソ連、東欧世界の体制転換と、それによる社会・文化の変化については、多様な分野の研究や報告、論考が公刊され、すでに蓄積が進んでいる。他方で、食文化や食習慣の研究は、時事的な報告や調査を除くと決して豊富とはいえない。もともと、食文化研究は、研究の歴史が長くないことに加えて、旧社会主義諸国空間における食文化研究それ自体が低調だったことにも起因しよう。これは食文化研究に限ることではないが、旧ソ連圏内において、自国内でソ連圏内外の比較文化的研究は困難であったこと、同時に圏外の研究者が入域して調査することも、きわめて限定的であったことが直接の原因といえる。ここでは、筆者の1980年代の社会主義時代のソ連（本稿では「ソ連期」とする）での経験を踏まえて、食に関わる風習や社会的慣習について、ソ連期の特徴を紹介する。

いわゆる市場経済を基盤とする商品販売制度・形態を前提にする人にとっては、社会主義的商品販売・サービス提供制度と形態は、かなり奇異なものに見えた。まず、商店自体の形態が異なる。ソ連期の一般商店の多くは固有名をもたず、販売する商品名が店の名称（屋号）になっているところが多かった。食料品店に限定して言えば、野菜と果物（オーヴォシチ・イ・フルクトィ）、牛乳／乳製品店（モロコー）、パン屋（フレープないしブーロッチナヤ）、食料品店（ガストロノーム）、菓子店（コンヂーチェルスカヤ）等である（写真４－１）。とはいえ服飾店やレストランなどを中心に、固有名称の付いた商店も存在しなくはなかった（「ルィノク」と称する自由市場については後述する）。

写真４－１　ソ連期のモスクワ市中心部のスレーチェンカ通り

２軒の商店の手前が“Kulinariya”〔総菜店〕、その向こうは“Chasy”〔時計店〕。(1983年頃)

写真４－２　現代のモスクワ市内

モスクワ市中心部（ニキーツキエ・ヴァロータ）の喫茶店“Kofe Khauz”（コーヒーハウス)。朝食やランチの価格が掲示してあり、食事もできるようになっている。(2016年９月)

ソ連期における外食にかかわる特徴的な制度として、公共給食制度（行政的には公共給食部門；ロシア語でオプシチェストヴェンノエ・ピターニエ、略して オプシチェピト）が挙げられる。これは西側社会における外食産業に概ね相当するものであるが、私企業による展開がない点で、その実態は相当に異なるものであった。公共給食制度下では、しばしば番号の付けられたセルフサービス式大衆食堂（スタローヴァヤ)、給仕サービスのあるカフェ（Kafe；時に固有名を冠することもある)、そして外食施設のうちで最も上位のレストランには、通常、固有名が付いていた。企業、教育機関、病院等の各種大～中規模事業所、サービス施設における職員・利用者食堂も「スタローヴァヤ」のカテゴリーに入る。このほかに持ち帰りの店や、小さな飲食スペースを併設したカフェテリア、いわゆるファストフード的な飲食店、ピロシキ屋（ピロシコーヴァヤ)、チェブレキ〔肉入り揚げパン〕屋（チェブレッチナヤ)、ペリメニ〔水餃子〕屋（ペリメンナヤ）等、商店と同様、提供される食品が店の名称になっていることが多かった。外食店についていえば、都市部では、各種飲食店の数や密度はそれなりにはあったが、個人飲食店が氾濫する西側の都市との比ではなく、外食習慣を異にする外国人は外食に困ることも多かった。

1980年代の大学の中の食堂

筆者が経験した大学の食堂（スタローヴァヤ）での例を示そう。利用者はまずカッサと呼ばれるレジ打ちブースに並び、レシート様の食券を買う。その際には、掲示してあるタイプ打ちのメニューを素早く読み取って、口頭でレジ係の女性に希望する料理名か値段と数量を伝える必要がある。支払いを済ませてから受け取ったレシート１枚１枚には、料理の料金のみが打ち出されている。料埋提供レーンに移動した後、レシートを提示して該当する料理と交換する。コピー機の存在しなかった当時、メニューはカーボン紙と用紙を何重にも挟んでタイプライターで打ち出すため、下の方の用紙の文字の判読は、外国人にとっては至難の業であった。現在スタローヴァヤでは、トレイに料理を取って行って、レーンの最後にあるレジで精算・支払いをするのが通例である（なお、モスクワ大学をはじめとする規模の大きい大学には、給仕のつくカフェもあることを付言しておく）。

3　体制転換とポスト社会主義における食の変化

このようなサービス面での慢性的不満は、外部世界、特に西側世界を直接経験する機会の多くないソ連市民にとっても決して無縁ではなく、ペレストロイカ期やソ連崩壊による経済の市場化を経て、社会構造の変化とそれに対する期待が亢進することになった。ペレストロイカ期に導入された西側社会の象徴的な風俗風習の一つとして、1990年１月にモスクワの中心であるプーシキン広場に登場した、ファストフードのマクドナルドが挙げられる。（アメリカ型）ハンバーガーという軽食（ファストフード）自体、「空いているレジです！」（スヴォボードナヤ・カッサ！）と大声で客に声をかけてくれるサービス、きびきびとした態度で手際よく注文を受ける売り子の接客態度、ガラス張りの外装、色彩感の溢れる看板やインテリアの食事空間は、それまでの公共給食制度の飲食空間とは異質のものであった。当時は家族連れや知人同士のグループで訪れ、ファストフードという感覚にもかかわらず、長時間をそこで過ごす客も多く、長い行列がなかなか解消されなかった。

■読書ノート⑦　メリッサ L. コールドウェル■
『人はパンのみに生きるにあらず―新ロシアの社会支援』
（Melissa L.Caldwell 2004）

本書はポスト社会主義期のロシアにおける社会支援実践としての「炊き出し食堂」をめぐる民族誌である。米国の人類学者である著者は、ロシアにおける都市部の食文化、特にモスクワ市における資本主義化するロシア社会の食にかかわる諸現象やその変化に関する研究を多数著わしている。

本書は1998〜1999年にかけてモスクワ市内のモスクワ・キリスト教会組織（CCM）の実施した、炊き出し実践の参与観察に基づく研究の成果である。当該団体はモスクワ市内に数か所炊き出しの拠点を設け、当該地区の住民のなかで社会的弱者とされる年金生活者や身障者、移民等を対象にして無償飲食のサービスを展開した。

著者の調査拠点はモスクワ都心の一地下鉄駅の近くに存在する大学（本文中では仮名の「モスクワ科学大学」）のなかの食堂に併設された炊き出し食堂で、そのスタッフ、ボランティア、食堂利用者やその関係者を調査対象とした。

●モスクワ市中心部の大学の食堂に併設された炊き出し食堂「モスクワ科学大学（仮称）のCCMスープキッチン。
（Caldwell 2004, p.170の図12を転載）

利用者の住民層や生活実態、利用者間と食堂スタッフないしボランティアとの関係性、社会情勢の変遷との関連、といった諸点を、広く体制転換を経験した旧ソ連・東欧世界の、いわゆるポスト社会主義社会というコンテクストから見直したポスト社会主義文化論である。

無償の炊き出しを利用する住民層は、一般にいわゆる貧困層や社会的弱者というイメージである。しかし、ソ連崩壊直後のロシアでは、必ずしもこれらの範疇に入らないような住民もこのサービスの利用者として登場してくる。

著者はこの研究を通して、モスクワというロシアの首都（そこは物質的にロシアの地方社会と比べてはるかに恵まれている社会空間である）にあっても、所得階層や社会的ランクにかかわらず、モノやサービスの受け取りが友人や知人との関係性という縁故に基づき形成され、展開するというロシア的な社会的関係性が重要視されることを再三強調して述べている。

この調査が行われてからすでに20年が経過しているが、現今の政治社会経済状況のなかでもロシア社会においては、コールドウェルが見出した社会共同体的関係性が、さまざまな位相を異にする契機や集団のなかで、新たな形をとりつつ再生産されている、という著者の指摘はそのまま有効であるといえる。

【吉田睦】

マクドナルドは、この1号店開店以来、ソ連市民の多くが陰に陽に憧れ、あるいは関心をもってきたアメリカ文化に代表される西側文化・サービスに、具体的にふれることのできる場として、爆発的なブームとなった。それは、導入当時のペレストロイカ期に、イデオロギーは別にして、当時のモスクワっ子がアメリカないし西側に対して抱いてきた気持ちを表明したものと受け止められた。その後、マクドナルドは2010年には235店舗（モスクワ86、サンクト・ペテルブルク39）と急増した（三浦 2011：38)。2018年現在、ロシア全体で650店舗以上を数え、毎年40店舗ほど増加し、毎日110万人が店舗を訪れている（マクドナルドロシア社のHP〔https://mcdonalds.ru/〕による)。

ソ連崩壊前後期に始まった西側文化の流入は、その後、形態や内容を替えつつ今日に至っている。マクドナルドに続いてケンタッキー・フライドチキン、ピザハット、スターバックス等のアメリカ系ファストフード店の進出が続いた。他方で、西側や外国文化の流入に抗するように、ロシア・旧ソ連の食文化をベースにした飲食店やチェーン店も展開し始めたのが、1990年代後半期であった。ルースコエ・ビストロ（ロシアのビストロ；1995〜)、ヨールキ・パールキ（1996〜）といったロシア風ファストフード・チェーン店やコーヒーハウス系のチェーン店である（写真4－2)。これと並行して、スーパーマーケットの展開も、食料入手の機会と方法の変化という意味で重要な意味をもつ。ロシア全体で750店舗以上を誇る「ペレクリョーストク（交差点)」やフランス系資本の「アシャン」、ドイツ系の「グローブス」等は、ヨーロッパ・ロシアに展開するチェーン店として、大都市では普通にみられるスーパーマーケットである。そのような店で食料品を購入するスタイルは、すでに都市住民生活様式の一部として完全に定着している。

4 貧困と社会支援

(1) 貧困と飢饉

体制転換による食の分野における変化という点では、上述の商業制度の変化とともに、人々の収入をはじめとする貧富の状況の変化と、それに関連する食習慣の変化も顕著な現象として挙げなければならない。貧富の差、貧困層の拡大といった状況は、大規模な経済社会システムの転換期には不可避的な現象ともいえる。ソ連崩壊前後に飢饉／飢餓が発生したのか、という議論があるが、それは飢饉／飢餓の定義にもよるといえる。ロシア史において飢饉はしばしば記録されている。ソ連期の1930年代にはウクライナを中心に広大な地域で飢饉が発生し、ウクライナだけで少なくとも400〜500万人の餓死者を出した（いわゆるホロドモール）という人為的飢餓の歴史をもっている。その原因は、強制的・急進的社会主義化の一環である農業集団化という、体制転換に係る諸施策にあるとされている（中井 2004：170）。それに対してソ連崩壊に際する混乱状況は、急速な市場化、脱社会主義化という反対の体制転換における危機的状況であった。飢饉の原因については、入手可能な食糧全体の減少ではなく、その食糧を入手するエンタイトルメント（受給資格、受給量／額）の減少による、というような飢饉の発生原因に関するパラダイムの変更が唱えられて久しい（Pottier 1999, 訳；ポチエ 2003)。

「読書ノート⑦」（175頁）に取り上げた研究において、ロシア（旧ソ連）社会における食糧支援の実践と、それを通して析出されたロシア人の社会的関係性に言及しておく必要があろう。食糧支援の対象は様々な社会的弱者の存在、そしてそのような住民層がいることが所与のものとして認知されることが前提である。直截的にいえば、「貧困」層の存在が前提である（ポチエ 2003：258-260)。このような分析を前提にすれば、ソ連崩壊前後の状況も、飢饉発生の条件を満たしているといえるかもしれない。少なくとも、このような状況を前提として、わが国を含む西側諸国による緊急人道支援という形で、食糧や医薬品を中心とする有償無償の支援活動が展開された。ソ連期においては、貧困の存在自体が否定されていたため、それに関する調査研究はタブーとされた。もちろん、貧困自体も貧富の差も存在しなかったということではない。

しかし公的に「貧困」が論じられ、またその概念や定義が検討されるのはソ連崩壊後のロシア、体制転換期に至ってからの話である。また、貧困が社会問題としてクローズアップされたのもソ連崩壊以降のことで、具体的数値がそのことを物語っている。つまりロシアにおいては、1987〜88年には220万人であった貧困者が1993〜95年には6,600万人に増加したという（武田 2011：80)。体制転換期の貧困概念や実態については、経済学の分野の論考が邦語でも出版されており、専門的な論考はそちらに譲ることにしたい（武田 2011)。食を社会的文化的側面から考察する本書の主題から外れるため、ここでは現象としての貧困者、社会的弱者とその周辺について、簡単に言及をするに留めたい。

ロシア語にボムジ（*Bomzh*;「住所不定者」を意味する用語の頭文字からなる短縮語）なる用語があるが、新生ロシアにおいて、マスコミ等では「浮浪者」に近い意味で常用されている（ソ連期より警察用語としては使用されていた)。また、ソ連崩壊後、公的に貧困線（最低生存費）なる用語と概念が導入され、「一人当たりの所得がこのラインより下回る場合に、その家計は貧しいと認められ、国家の社会的支援を受ける権利を得る」ことがロシア連邦法により規定された（武田 2011：51)。これらの人々の存在は、貧困、社会的弱者の存在とその公的認定、分配／再分配の不徹底や不首尾といった社会問題を想起させる。

ロシアにおける貧者、弱者の実態、彼らの置かれた状況、彼らに対する支援の実態等については、整理された情報自体が多いとは言えない。上述のように社会主義体制下のソ連期には、いわゆる貧富の差は資本主義社会に比べ最小であるはずであって、また失業というものの存在自体がないのが建前の社会であった。ソ連期における貧富の差ということに関して、職種に対応する賃金に大差がないということは、事実に近いかもしれない。しかし、賃金という金銭指標では捉えられない住宅、自家用車、別荘（ダーチャ）といった社会的便益や物質的幸福を入手する優先権には、截然とした差異が存在した。それに加えて海外へ行ける特権、また外貨や外貨相当の金券を所持し、国産の希少製品や西側製品を販売する外貨（金券）ショップへの出入りが認められる特権階級の存在もあった。このような社会において、貧者弱者を救済しよう、支援しようという動きは表立ってはあり得ないことであった。しかしペレストロイカを経て民主ロシアになり、国内でも様々な社会的矛盾が明らかにされるようになると同時に、このような特定市民層を支援しようという動きが表面化したと言ってよいであろう。

（2）「炊き出し食堂」による社会支援

上述のような社会情勢にあった1990年代の後半期に、スープキッチン（慈善活動としての無償飲食提供活動とその場、以下「炊き出し食堂」とする）という形での支援組織やスタッフ、ボランティア、被支援者たちの様子や彼らの間の関係、そして社会的な諸関係についての構造を析出させて記述・分析した著作として、コールドウェルの『人はパンのみにて生きるにあらず』(2004)がある。本書の概略は、「読書ノート⑦」に紹介したとおりであるが、以下において、もう少しその内容を紹介していきたい。

著者はモスクワ市において展開されたキリスト教系の団体の主催する「炊き出し食堂」で、そこを利用するモスクワ市民を主対象に、1998〜1999年、フィールドワークを行った。著者の現地調査した「炊き出し食堂」は、モスクワ市都心部、地下鉄環状線パルク・クリトゥールィ（ゴーリキー公園）駅近くにある「モスクワ科学大学」(仮称）のなかの学食に隣接した形で設置された。

当該「炊き出し食堂」の運営体制や母体のキリスト教団体CCMのことについては、同書ではほとんど言及がない。また同時期に、他の「炊き出し食堂」がどのような規模や密度で展開し、どのような団体によって運営されていたか、との情報も提供がない。同書の著者は、調査対象の施設でのフィールド調査を通じて、「炊き出し食堂」の利用者であるモスクワ市民のなかの貧困者、弱者とされる人々、そして食堂で働く職員やボランティアとの関係を分析しながら、この体制転換期前後の、またロシア社会の社会的関係性を炙り出した。その分析はかなりの程度、成功しているとみられる。CCMの「炊き出し食堂」の利用者は社会的弱者とはいえるが、実のところ、その多くは決して絶対的貧困層の住民というわけではなく、年金生活者（そのなかには学者、労働に功績のある人、大戦従軍者等がいる）等、一定の収入はある人たちが中心なのであった。絶対的貧困者は決定的に少数者であった。

「炊き出し食堂」では、利用者間、あるいは職員、ボランティアと利用者の間で様々な人間関係が生じてくることになる。それは受給者間でも、受給者と提供者の間でも起こりうることを具体的な事象の例で示している。例えば、誕生日祝いやその他のイベントへの招待という形である。ロシアでは誕生日祝いというのが、大人の社会でも職場の半公的行事として、しばしば職場で催行される。それは、本稿筆者の所属した学術研究所でも、各セクションにおいて、1か月間に誕生日を迎える職員や大学院生をまとめて、特定の日に研究所の1室でそのようなパーティが行われるのが常であった。「炊き出し食堂」においても、受給者の誕生日を受給者の自宅や郊外のダーチャ（別荘）にボランティアや職員を招いて実施される例が挙げられている（Caldwell 2004：118）。

また、受給者が各種の年中行事（新年、国際女性デー〔3月8日〕、戦勝記念日〔5月9日〕、革命記念日〔11月7日〕、等）や個人的お祝い事等に、礼状、詩、小ギフト等の物品で謝意を示すことも、しばしばである。ただし、このような誘いをいわゆる欧米系の職員は断り、アフリカ系の職員は受諾する傾向があることが述べられている（Caldwell 2004：90）。随所で西側の市民社会とロシア市民社会との相違点が指摘される一方で、アフリカ系ボランティア等は、ロシア社会寄りであることも指摘されている。

コールドウェルはこの調査において、様々に関係づけされる人間関係に密接に迫ることで、ロシア社会の食料品をはじめとするモノを入手する手段や方法、そしてその基盤にある社会的ネットワークやコネクションの構造といった社会的関係を、透過させて見出すことになったのである。つまりこの種の施設や行事において、受給者は便益（食事）を一方的に受けるだけの場と機会として利用するのではなく、モノや情報の交換の場としても利用することになる（Caldwell 2004：90）。

ソ連期には、そもそも西側社会では一般的に市中で容易に得られるような、商品やサービスの提供の時と場所に関する公的情報が、決定的に欠如していた。しかしその種の情報は市民の有機的に構成されたネットワークにより流布し、交換されることが多々あることが指摘されてきた。そのためには、そのネットワークに入り込む必要があるため、外部の者、特に西側から来た一時的滞在者には、ふれることが困難な状況もあった。しかしコールドウェルは、すでにソ連崩壊後とはいえ、1990年代後半期の「炊き出し食堂」の調査により、そのようなネットワークの存在を見出し、また時に実体験したことを語っている。つまり、ソ連期から機能してきたモノやサービスに関する情報交換のネットワークは、その後、新ロシア社会でも機能し続けていることを示唆している。この調査から20年以上を経過した現在（2019年）も、ロシア人社会の「生活の知恵」的ネットワークは姿を変えつつも機能し続けている模様である。それは例えば、過去十数年で飛躍的に浸透したSNS、Facebookのようなモバイルネットワークを使った形で、さらに進化した形で機能していることが予想される。

（３）社会的安定装置としての自家菜園とルィノク（自由市場）

食料品や食習慣という切り口で、このロシア式ネットワークについて語る際に外してならないことに、自家菜園（ソ連期にいう農民の個人副業経営の場である「住宅附属地」〔いわゆる自留地〕やダーチャ〔別荘〕に附属することの多い都市住民の「市民菜園」における耕作活動の場）がある。ソ連末期の1980年代後半でも、個人副業経営の農地が全作付面積の３％に過ぎないのに、生産シェアでは25％も有していたということが、個人経営の生産効率の高さを物語っている（金田 1990：77）。ジャガイモ、蔬菜類・花卉類等はかなりの比率で、個人副業経営や市民菜園による生産分に依存していたことが知られている。このような労働集約型の耕作活動が維持・確保された自家菜園の存在意義は高い。農村の住宅附属地における副業経営とそこでの生産活動は、ソ連崩壊時にロシア農村でひどい社会的緊張が起きていなかったことの要因にもなっており、農村における「社会的安定装置」（山村 1997：225）であったかのような、社会主義的制度の枠外といえる部分が、人々の生活を事実上、下支えしてきたという事実がある。このような点は、ソ連経済における闇経済の存在等とともに、その実態とも関連することであるが、ここでは詳述する紙数がないので言及するに留めたい。

ソ連期の国営商店では、西側ではとても商品扱いされないような品質の野菜類（掘り出されたままの土付きで、サイズが極端に不揃いのジャガイモやニンジ

写真４－３　モスクワ市内ダニロフスキー・ルィノク（食肉売り場）
左手前に「自家製肉」の表示が見える（2017年９月）。

ン、自重で押しつぶされかけたキャベツ等）が山積みで販売されていたと思えば、数日後には売り場が空になっているような光景が日常的であった。これに対して「ルィノク」（ソ連期の通称は「コルホーズ市場」；現在は産直市場のような様相）では、西側の生産品と肩を並べることのできるような、優良な商品が売られている光景に、嬉しくも唖然とするのであった。値段は前者の価格の倍やそれ以上するものも多いが、売り子と値引き交渉もできた。西側の人間は、この種のバザール的小売市場が、良い品を安く提供するという私たちの商業的ステレオタイプとは異なるソ連社会の特異さに、驚いたものである。都市部では、多くの外国人や一定の収入のあるソ連市民は、生鮮品に関しては多少とも良品を得ようと、ルィノクで買い物をするのが常であった。今でもこのような商品販売傾向は継続しており、多少値段は張っても近郊の農民が自家製で新鮮な産品を直売するルィノクに、富裕な住民が良品を求めて出かける光景は変わらない（写真４－３）。

5　多民族国家ロシアにおける非ロシア系民族の食文化

（1）ロシアの各民族性と食

大規模社会／民族と、先住／少数民族社会との接触による、双方の側の文化要素の変容を「文化変化」というならば、概して前者から後者への影響力が圧倒的に大きい。ロシアにおけるロシア人（社会）と先住民（社会）との関係もまさにその好例である。しかし遊牧民をはじめとする移動民の場合、大規模社会の影響を一定程度、回避することもできる。北方のトナカイ牧畜／飼育民は、ソ連期には農業集団化政策の結果、ソフホーズ、コルホーズとして編成された企業経営の下で、家畜トナカイの飼育が行われた。元来、トナカイ牧畜における家畜トナカイの役割として重要なのは、移動・輸送手段としての家畜トナカイ、つまり生体利用（地域により搾乳もある）であり、その肉やその他の資源（内臓、血液、毛皮等）の屠体利用は限定的なものであった。移動の方法としては、地域により家畜に跨って乗る騎乗、駄獣として荷物を積載する、橇を牽引させる、といった方法がとられた。これがソ連期に企業経営化して、肉や毛皮の獲得が主目的の経営に変容した。

（２）シベリアのトナカイ牧畜／飼育民の食生活

しかしネネツ人を中心に、元来の生存生業に近い個人経営型のトナカイ牧畜が存続している。遊動型牧畜（いわゆる遊牧）に従事するネネツ人（以下：「遊牧ネネツ人」）、特に北部ウラル山脈の東西を遊牧範囲とするツンドラ・ネネツ人の食文化は、定住民であるロシア人はもとより、定住ネネツ人のそれとは劇的に異なる。遊牧生活を送る彼らの多くは、キャンプ地のテントが寝食の場であると同時に、調理、喫食、休憩、余暇の場である。

もちろん、彼らの食生活にも周囲からの影響で変化が生じている。遊牧ネネツ人はトナカイ牧畜を主要生業とし、トナカイの肉等は食文化にも相当の地位を占めている。他方で河川・湖沼の内水面で夏も冬も漁撈活動を行い、食糧源として貴重な魚を食物として消費している。また、狩猟活動も季節に応じたものを行い、猟銃による野生トナカイ、ガン・カモ類、ライチョウ等を捕獲し、いずれも食用とされる。罠猟では毛皮獣（ホッキョクキツネ）、ライチョウ類、ウサギ（食用）の捕獲を行う。このように、ツンドラ・ネネツ人はトナカイ牧畜を主要生業とする複合生業従事者である。各種生業で得られる獲物や産品は食糧源として重要なものであるが、トナカイ肉は彼らのもっとも好む食材に他ならない。現在は日常の食の場には小麦粉製パンが必須

写真4－4　遊牧ネネツ人の食卓

食卓には、円形パン（レスカ）、トナカイの煮肉とそのスープ、紅茶が供されている。手前のストーブ上ではレスカが焼かれている（ヤマル・ネネツ自治管区 1998年1月）。

図4－1　世界の牧畜の4類型

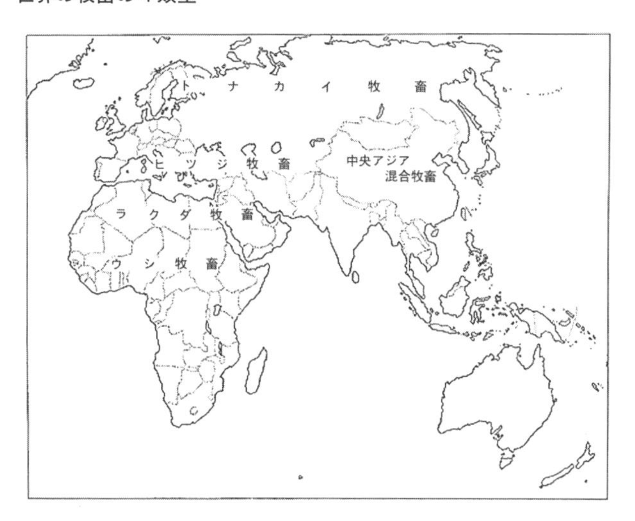

名　称	主要家畜	副次的家畜	展開地域
ツンドラ・タイガ牧畜民	トナカイ		北方ユーラシア
ステップ牧畜民	ヒツジ・ヤギ・ウマ	ウシ・ラクダ	内陸アジア
砂漠・オアシス牧畜民	ラクダ・ヤギ・ヒツジ		西南アジア～中東・アフリカ
サバンナ牧畜民	ウシ	ヒツジ	東アフリカ～サヘル地域

福井（1982：811）の図をもとに筆者（吉田）作成。

である。キャンプ地の立地次第であるが、集落でまとめ買いされた型焼きパン（ニャン）や暖房器具兼調理場としてのストーブ上で焼いたパンケーキ型の自製円形パン（レスカ）が一般的である（写真４－４）。

トナカイの食利用はキャンプでの屠畜行為に始まる。屠畜したての屠体を囲んでのトナカイ肉や内臓（肝臓、腎臓）、血の生食風習は、遊牧ネネツ人の食文化の華ともいえ、季節を問わずある種の祝祭的様相を呈することもある。血液を腹腔に溜めた屠体を囲んで、生肉をマイナイフで切り、血に浸しながら食べる光景は、ある意味、強烈である（写真４－５）。肉や内臓の一般的利用法としては煮て、煮汁とは別に供される。肉を焼き串などに刺して焼肉にするような調理法はまずみられない。煮肉としての利用は牧畜民に共通する特徴的な調理法である。

すでに述べたように、シベリアのトナカイ牧畜／飼育民は、牧畜を主要生業としつつも例外なく複合的な生業に従事している。遊牧ネネツ人の場合、そのなかでも漁撈活動が重要である。個人経営の場合、刺網により夏季の開氷期のみならず、氷結期（10～４月）にも氷下（こおりした）漁という形で漁撈活動を行う。漁獲の対象はサケ科コレゴヌス（シロマス）属の各種魚、ホッキョクイワナ、カワヒメマス、カワカマス、カワメンタイ等である。これらの魚は、生食（刺身）か煮魚にして食べられる。夏季に余剰分の漁獲は天日干し製品（ロシア語でユーコラ）にして保存、一部地区では塩蔵処理して売却もする（本書「コラム１」42頁参照）。

（３）遊牧ネネツ人の食の変化

上記のような基本的な食構造が現在でも維持されていることは、定住文化から距離をおく遊牧生活という特殊な生活様式に、大いに起因しよう。しかし20世紀になってソ連政権になると、大規模社会であるロシア社会の近代化に巻き込まれると同時に、食生活、食文化も変化を生じることになる。

概して遊牧民の場合、自らの生産する家畜の肉や乳およびその製品と交換に、外部世界より穀物を中心とする栽培植物、特に小麦を入手することで食生活が成立するのが一般的である。ソ連期のトナカイ遊牧民の食も、外部か

図4－2　遊牧ネネツ人の遊牧範囲（西シベリアのヤマル・ネネツ自治管区周辺）

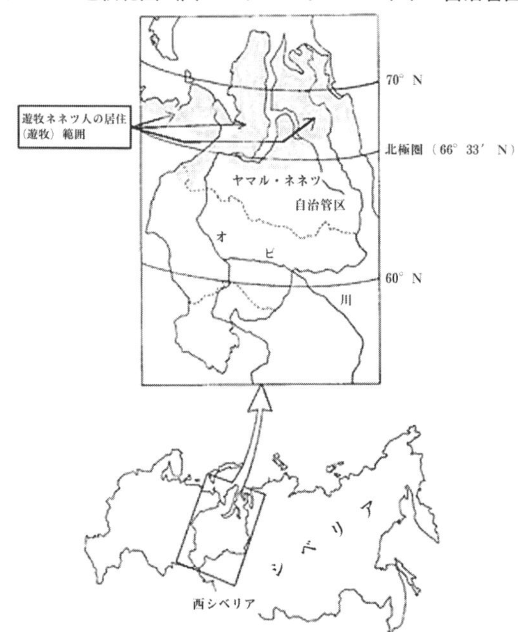

写真4－5　遊牧ネネツ人の共食
夏のキャンプでトナカイの屠体を囲んで、肉の生食をする遊牧ネネツ人。

写真4－6　夏のトナカイ牧畜
トナカイ橇を操る牧夫。

（いずれも、ヤマル・ネネツ自治管区 2016年8月）。

らの食材なしには成立しないものであった。

集落の他に遊牧範囲の広い極北部では、集落の商店やファクトーリヤと称する物資供給施設を各所に設置して、遊牧民より家畜の屠体を買い取り、食料品をはじめとする生活必需品を支給（販売）する、というシステムが成立していた。そのような移入食品として主なものは、小麦粉、パスタ類、コメ、砂糖、塩、紅茶、コンデンスミルク等である。

遊牧ネネツ人の食にまつわる変化について述べると、以下のように20世紀における比較的大きな変化と、ソ連崩壊以降の経済自由化による変化に分けることができる。

表4－1　遊牧ネネツ人におけるソ連期とそれ以降の食習慣の変化

ソ連期	①鉄製ストーブの導入 ②穀物粉やパスタ類の安定的供給 ③嗜好品（菓子、茶、酒類等）の入手可能化
ソ連崩壊以降	④嗜好品の増加と多様化 ⑤国内産油脂の代替品としての輸入植物油、マーガリンの利用 ⑥調理法の多様化 ⑦酒類の入手容易化

簡単に、主要な変化について述べると、まず、①鉄製ストーブの導入により生じた炉の構造変化である。従来、炉は煙が出ることを念頭に遊牧テントの中央に開放型の焚火を置いて、それが暖房と調理の場を兼ねるものであった。現在でも夏季に暖房用としてストーブを必要としない場合に、開放型の焚火にすることがある。これに対して鉄製ストーブの出現で、暖房と調理の効率が上がった。熱を鉄製のストーブに閉じ込めることで、燃料の節約や効率的な調理行為を可能にした。またストーブの天板はパンケーキ型パン（レスカ）の調理の場としても利用されている。

②に関して言えば、ツンドラ・ネネツ人のもとでの型焼きパンの名称「ニャン」〔*nyan'*〕は、内陸アジアのイラン系遊牧民族からテュルク語系諸民族にわたる、広域の諸民族間で使われる「ナン」の用語との関連が推察される。ロシア民族と遭遇する以前の時期の穀物（粉）利用の実態は必ずしも明らかではないが、少なくともロシア人との接触開始により、より安定的に穀物粉（小麦粉、ライ麦粉）の入手が可能になったことであろう。現在、西シベリア北部で遊牧民の間で利用されているのも、専ら小麦粉である。型焼きパンが、大量に保存可能な寒冷期を除き、通常、小麦粉からパンケーキ様のパン（レスカ）を焼くことになる。レスカは通常重曹を入れて焼くので、焼き立ては

ふっくらしているが、冷めると硬く重くなる。現在は、集落の商店で、利用が簡単な顆粒状のドライイーストも入手可能で、よりふっくらとしたレスカを焼く家庭もある。

遊牧民の家庭でも、就学年齢の子どもたちは寄宿学校（シュコーラ＝インテルナート）で小中等教育を受けることになっており、そこでの給食を通して外部の食文化に接する。寄宿学校では、ロシア（ソ連邦）の公共給食制度で推薦されるメニューをもとに、地元産のトナカイ肉製品やサケ科の魚などの地方的特色を加味した食事が提供されてきている（吉田 2003：254-259)。軍務服役や就職で他地域での居住経験の多い男性は、牧畜生活に戻っても外部の食習慣を持ち込むこともある。例えば、醤油や各種嗜好品である。それに対して外部世界に接する機会の少ない女性は、食生活についても保守的な側面が観察された。

筆者は過去の調査結果をもとに、食生活の変化が健康に影響を及ぼしている可能性を指摘してきた（吉田 2009)。例えば、北方先住民は日常的なエネルギー摂取において、脂質を多く摂取する傾向にある。脂質の多くを、トナカイや魚、アザラシといった動物性脂肪に依存してきた。しかし⑤で指摘したように、近年、輸入品を中心とする植物油やマーガリンが集落の食料品店で容易に入手できるようになり、遊牧民はこれを大量に買い込んで消費する。特にパンを油脂に浸して食べる食習慣を有する。従来は現地産動物性油脂に依存していたものが、植物油（菜種油、ヒマワリ油、ダイズ油等）に置き換わることで、栄養学的変化は当然あると思われる。

このような食材の変化による栄養価の変化とその健康への影響の懸念があり、先住民、牧畜民への食糧供給には相応の配慮と対応が必要なはずである（吉田 2009：204-205)。

6 若干の課題

以上、世界の食と暮らしの変化のうちでも、ロシアにおけるソ連崩壊とそれに続く民主化、市場経済化という体制転換期におけるロシア社会における食、およびその周辺の特徴的な現象や変化を中心に説明してきた。さらに、ロシアにおける非ロシア系民族としてのトナカイ牧畜民の食とその変化について、ロシア社会の文化的多様性との対比の意味も含めて紹介した。食ないし食にまつわる状況とその変化には、経済社会構造、社会的特性のみならず、時に民族性も極めて密接に連動していることを示しているといえよう。

国家の社会文化と地方ないし少数民族との食文化の関係について言えば、食の変化は、より複雑な問題がある。例えば、ロシアでは、マジョリティ（多数派）の民族の食文化はさておき、上述の先住民の伝統料理が、例えばモスクワのレストランで食べられるような状況は、ごく一部の例外を除き、当面ないといってよいであろう。グローバル化に直面して、近代化と伝統の狭間で、それぞれ国家・地域に固有の課題を抱えつつ、様々な民族（集団）が新たな適応と生存の方向を模索しているかのようである。

【読書案内】

武田友加『現代ロシアの貧困研究』東京大学出版会，2011

沼野充義，沼野恭子『世界の食文化 19　ロシア』農文協，2006

雪印乳業健康生活研究編・石毛直道・和仁皓明（編著）『乳利用の民族誌』中央法規，1992

ポチエ，ヨハン『食料確保の人類学―フード・セキュリティ』山内彰・西川隆（訳），法政大学出版局，2003

吉田睦『トナカイ牧畜民の食の文化社会誌―西シベリア・ツンドラ・ネネツの食の比較文化』彩流社，2003

2　食の景観──グローバル社会のフードスケープ

1　フードスケープとは何か？

21世紀に入り、食文化研究では「フードスケープ」という概念が突如として注目を集めるようになった。現在、フードスケープをめぐる研究は、人文・社会科学から自然科学まで幅広い領域にまたがっており、多種多様に展開されている。欧米の文化人類学では、最近、フードスケープ研究が増加しているが、日本の文化人類学では、それをタイトルとする書籍や論文がまだ少ない。以下では、フードスケープとは何であるのか、フードスケープ研究の視点や方法はどのようなものであるのかについて、紹介することから始めたい（研究史については本章末の「読書案内」の河合（2018，2020）参照）。

フードスケープは、英語でfoodscapeという。それはfoodとscapeを組み合わせた造語であり、前者は食を、後者は人間による視覚的な眺め、あるいは、まなざしを指す。したがって、foodscapeを直訳するならば、「食をめぐるまなざし」である。人間がいかに食を見るのか、食をどのように意味づけるのかを探求することが、フードスケープ研究の出発点となっている。また、フードスケープは、食だけでなく、それをとり囲む景観（人間の意味や行為が埋め込まれた自然、建築、音、飾りなど）を含むことがある。そのためフードスケープは、「食の景観」と訳されることもある（河合 2020：49-51）。

フードスケープ研究は、グローバルな食をローカル化する過程に関心がある。フードスケープとは何かについて知るために、まず刺身や寿司を考えてみよう。世界的にみると、刺身や寿司のように生魚を調理して食べる習慣は、日本だけに特有なわけではない。中国南部などでは、歴史的に刺身を食べる習慣があった（写真４－７）。だが、それにもかかわらず、刺身や寿司は、いま世界的に日本を代表する食という、まなざしで捉えられている。

写真４－７　中国広東省五華県（漢族地域）におけるソウギョの刺身
中央の酢が入ったお椀のなかに刺身をつけ、横に置いてあるネギ、しょうが、パクチーなどとともに食す。殺菌のためである。食べ方こそ違っても刺身を食すことには変わりがない（撮影：2009年２月）。

食が国や都市などのイメージと結びつけられることは、珍しくない。日本でも、味噌カツといえば名古屋、たこ焼きといえば大阪というイメージが流布している。同様の例は、日本に留まることはない。スパゲティの一種にナポリタンという料理がある。ナポリタンは、イタリアのナポリに由来する料理であるとイメージされがちである（後述）。基本的にフードスケープは、このようにグローバル食がローカルな「場」で、その食に付随するまなざしと文化的意味を変化させることを指す。よって文化を研究対象とする文化人類学の視野に、フードスケープが含まれてくる。

2　食の資源化と景観形成

（1）食のグローバル化と地理的想像力

食は単に、栄養素が含まれた物質のかたまりではない。○○地域の食、◇◇民族の食、健康に良い食、などの特定の意味が、しばしば付与される。くり返せば、フードスケープ研究は、なぜ刺身や寿司が日本のものとみなされるのか、たこ焼きがどのようにして大阪を代表する食となったのかなど、特定の文化的意味が食に付与されていく過程に関心を払う。

現代社会において、食の文化的意味が付与されていく過程には、まずグローバル化（グローバリゼーションと呼ばれることもある）が関わることが多い。グローバル化とは、人や金や物や情報などが、国や地域の境を越えて移動することを指す。刺身や寿司が日本と結びつけられがちなのも、グローバル化の過程と無関係ではない。19世紀末から日本人が海外へと移民するに伴い、刺身や寿司も海を渡るようになった。特に戦後には、日本人が、アメリカ合衆国の西海岸で寿司の専門店を構えるようになった。一般的にアメリカでは、生魚や海藻（海苔）を食べる習慣がない。それだけに、寿司は、「日本のエキゾチックな食」として注目を集めた。そして、この料理はアメリカでまず、日本のSushiとして受け入れられたのである。このように、食が特定の国や地域と結びついていく過程において、移民や多国籍企業は重要な役割を果たしてきた。

特定の土地の名を冠した料理のいくつかが創作料理であることは、注目に値する。例えば、先述したナポリタンという品名は、もともとナポリにはない。日本の中華料理として有名な天津飯も、本場・天津には存在しない。味噌カツの本場は岐阜県であるという説もある。たこ焼きも、昔から大阪にあった食ではない。たこ焼きの歴史は100年に満たない。たこ焼きを最初に創作したのは、会津（現在の福島県）出身の遠藤留吉であるといわれる。遠藤は、大阪で構えた店でたこ焼きをつくるにあたり兵庫県の明石焼きを参考とし、地元・会津のダシを使用した（熊谷 1993）。つまり、たこ焼きは古くから大阪の食卓で提供されてきた料理ではなく、脱領域な性質をもつ創作料理である。大阪でたこ焼きが売れ、それが大阪のソウルフードとして宣伝されたから、大阪の伝統料理というイメージが世間で流布されているのである。

たこ焼きは、1980年代に入ると、日本を超えてグローバル化するようになった。海外で最初にたこ焼きを広めたのは、台湾の「日船章魚小丸子」（たこ焼きの中国語訳は「章魚小丸子」または「章魚焼」である）というチェーン店であるといわれる。このチェーン店は、その企業名の通り、たこ焼きを日本の食として広めた。やがて1990年代になると香港を経由して中国大陸各地で広まった。今では韓国や東南アジア各地でも、たこ焼きが、いたるところで見られるようになっている。海外では、たこ焼きは日本の食というまなざしで捉えられている。それゆえ中華圏では、同じ日本の調味料として有名な、わさびとセットで出てくることも珍しくない。日本では、わさびは刺身につける調味料であり、たこ焼きにつけることはほとんどない。だが、たこやきもわさびも日本の代表的な食であるという中華圏の地理的想像力が、こうした「奇妙な食」を再生産している（写真４－８参照）。

世界に広がるたこ焼き

写真４－８　アジアのたこ焼き

一般的に台湾では屋台でたこ焼きが提供されており、わさび味などいくつかの風味が選べる（上写真）。中国大陸では特に注文しなくても、たこ焼きの上か底にわさびが大量に盛りつけられることがある。たこ焼きは販売者と消費者の双方により、日本の食であると認識されている。ただし、豚肉などイスラームで禁忌とされている食材が入っていない、日本のハラール食（中国名：清真食品）としても売られることもある（下写真）。たこ焼きは、インドネシアやマレーシアなどのイスラームを主とする国家でも人気を博すようになっている。

写真上：台湾・屛東県で（2019年８月撮影）
写真下：中国・北京市で（2018年10月撮影）

（2）消費者のフードスケープと食選択行為

現代社会において、食をめぐる意味は店舗や企業のイメージ戦略によってつくられていく。特にメディア（雑誌、新聞、テレビ、インターネットなど）は、そうした意味やイメージを世界中に拡散していく媒体となる。店舗や企業の経営者にとって、各々の食にどのような特色があるのか「見せる」ことは、消費者の購買意欲をかき立てるためにも不可欠である。

こうして広められた食をめぐるイメージは、消費者の「食選択行為」にも影響する。社会学者のビルドゴルド（Bildtgård 2009）は、スウェーデンの消費者に対してアンケートを行い、各国の食にどういうイメージを抱いているのかを調査した。その結果として、アメリカの食とファストフードが結びつきやすく、日本やベトナムの食が健康的であるとみなされがちであるなど、消費者が各国の食に特定の想像力を働かせていることが明らかになった。さらにビルドゴルドは、そうした想像力が、どのレストランに行くかなどの食選択行為にも影響していることを指摘する。彼は、消費者が頭のなかで食と土地を結びつけていることを「メンタル・フードスケープ（mental foodscape）」と呼ぶ。

日本では、ブルガリア・ヨーグルトも一種の「メンタル・フードスケープ」を形成しているといえるだろう。ヨーグルトは、東ヨーロッパから中東、インド、モンゴルなど、さまざまな地域で食べられていた。しかし、まず20世紀初頭に、ロシアの科学者メチニコフ（Mechnikov）がヨーグルトの不老不死説を唱え、その起源がブルガリアにあるという言説を生み出した。その結果、ブルガリアのヨーグルト製造技術が最も高いとみなされはじめ、その見解に基づいて日本の企業がブルガリア産のヨーグルトをブランド品として販売・宣伝しはじめた。こうして、ヨーグルトとそれを生み出す自然豊かなブルガリアとが、結びつけられるようになったのである（ヨトヴァ 2012）。それにより日本の消費者は、ブルガリアという土地と結びついたヨーグルトを、「正統」な健康食品として買い求めるようになっている。

どの食が安全で健康的であるかという意味付与も、消費者の食の選択行為に影響する。われわれは日頃から、本やテレビを見て、どの食が健康的で、

写真４－９　ハラール認証のロゴの一例
出典：「日本フードバリアフリー協会」ホームページ
（http://www.halal.or.jp/halal/；2019年10月16日アクセス）

どの食が危ないかという情報を入手し、そうしたまなざしから買い物をする。世界を見渡せば、何が「安全」なのかという基準は一つではない。世界宗教であるイスラームを考えてみよう。イスラームの戒律では、豚肉を食べてはならない。だから、イスラームを信仰する人々にとって、豚肉が入った食は「安全」ではない。近年、イスラーム世界では、宗教的に「安全」な食であることを証明するハラール認証が盛んになっている。ハラールのロゴがある商品は、視覚的に「安全」であることを証明する。このような目に見える「安心さ」の証明は、ムスリム消費者の食の選択行為に影響を及ぼしている（写真４－９参照）。

3　民族／地域的特色のある食と食景観の創造

（1）エスニック・フードスケープの形成

世界には、コリアンタウン、チャイナタウン（以下、中華街）、メキシコ人街など、特定の移民が集中するコミュニティがある。移住した少数集団が形成したこのような街を、エスニック・タウンという。エスニック・タウンを訪れると、飲食店が軒を連ねていることに気づかされる。しばしば誤解されがちであるが、エスニック・タウンは、移民の故郷の文化や景観をそのまま反映したものではない。だから、エスニック・タウンで移民が提供する民族料理のなかには、彼らの母国にないものも多々存在する。先に述べたように、日本

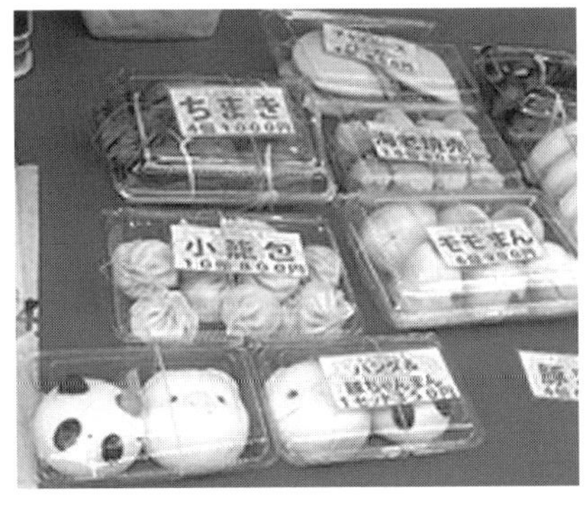

写真４－10　神戸中華街

飲食店とその看板が街を彩っている（左）。店先には中国らしい食が並べられている（右）。（撮影：2015年９月）

の中華街で定番料理となっている天津飯は、天津にはない。同様に、広東麺、パンダまん、ドラゴン・ハイボールも中国では見かけない。麻婆豆腐は確かに中国にあるが、中国の麻婆豆腐は日本のそれよりも相当辛い。このような状況は、他のエスニック・タウンでも珍しくはない。

人類学者であるフェレーロは、なぜ移住先でこのような創作料理がつくられていくのか、ロサンゼルスのメキシコ人街を事例として説明した（Ferrero 2002）。フェレーロは、この研究においてフードスケープの概念を説明しており、後の研究への影響も大きいので、詳しくは「読書ノート⑧」（197頁参照）で述べる。フェレーロは、２つの段階からフードスケープの形成を論じているが、日本の中華街に置きかえるならば次の通りである。

まず、中国の人々が日本に移民してきたとき、食は、彼らが日本で生存し、生活するための資源となる。しかし、中国の食をそのまま日本で提供しても、味や好みが異なるため売れるとは限らない。だから、日本人の好みに合わせた食に「改良」する。そのうえで、日本人の中国に対するイメージを逆にとりいれ、商品を開発する。中国にないパンダまんやドラゴン・ハイボールが新たに創作されている（写真４－10参照）のは、日本で中国というとパンダや龍がイメージされがちだからである。中華街の料理は、それが中国のものであると消費者に「見せる」ために、絶え間なく創作されている。こうした

■読書ノート⑧　シルビア・フェレーロ著（論文）■

「ロサンゼルスにおけるメキシコ食の消費――国境を超えた消費社会の『フードスケープ』」

(Silvia Ferrero 2002)

文化人類学は、早くから世界諸民族の食、すなわちエスニック・フードを対象としてきた。特に各民族の特定の食がもつ象徴的意味や、コミュニティの結束力や集団のアイデンティティ意識を強める機能に着目してきた。それに対して、フェレーロは、グローバル化や消費という視点からエスニック・フードの社会・文化的意味を考察しようとした。

フェレーロが依拠したのはアパデュライ（Appadurai）のスケープ論である。アパデュライは、グローバル化により、移民、技術、金融、情報、理念が予測不可能な形で交差し、各々の地で異なるスケープ（景、視覚的なありさま）を織りなすと考えていた。そのアパデュライの議論を援用して、フェレーロは、メキシコ人街を１つのスケープ（食を媒体として物質が形成される過程）として論じ、フードスケープの概念を提唱した。

フェレーロは、グローバル化や消費の問題に関心を払い、アメリカ西海岸・ロサンゼルスのメキシコ人街におけるフィールドワークを通して、メキシコ料理を、メキシコ系移民がアメリカで生存適応する手段とみなした。メキシコ移民は、自国の食を調理する技術を資本として、仲間うちで金を出し合い、メキシコ料理店を出店・経営する。メキシコ人移民は、アメリカの主流階層であるアングロ・サクソン人の味覚に合わせ、本国にはない新たなメキシコ料理を創作する。また食の健康がとかく気になるアメリカ社会の状況を察知して健康に良いメキシコ料理を開発し、新しいブランド・イメージを創出する。ここにおいて食は、民族のシンボルであるだけでなく、消費を促す手段ともなっている。

●メキシコ料理店の定番トルティーヤ
（撮影：2019年12月）

さらに、メキシコ移民は、アングロ・サクソン人が抱くメキシコ人へのエキゾチックなまなざしを逆に利用し、メキシコ料理店で現地の好みに合うメキシコ料理を提供したり、メキシコの英雄や文化遺産などの写真を壁に貼ったり、大きなソンブロの帽子やメキシコの旗を天井から掲げ、メキシコのビーチを連想するロマンチックな音楽を流したりして、地元の人々が想像する「メキシコ」という、メキシコ人街のスケープを形成したのである。

他方で、フェレーロによれば、メキシコ料理本は、メキシコ文化の真正さをアピールする媒体であり、消費の手段であるだけでなく、自民族のアイデンティティの手段ともなっている。フードスケープの概念において、食だけでなくそれを取り巻く環境も含まれていることは、注目に値する。この論文は、フードスケープの視点と方法を人類学分野で最初に提唱したものであるため、後の研究に大きな影響を与えている。　【河合洋尚】

民族特有の食であるとするまなざしを形成する動きが、フードスケープの第一段階である。

次に、第二段階として、そうした中国らしい食のイメージが、モノとして店舗の内外に表れる。食卓や店先で出される料理だけではない。店内では、中国結び、福の字を逆さにした飾り、中国風の丸テーブルなど、消費者が中国を連想する内装がデザインされる。店舗でもメニュー、看板、食品サンプル（模型）を店先に置くことで、食をめぐる中国らしさを視覚でもって消費者に示すことができる。そうした店舗がいくつも軒を連ねることで、中華街全体で、中国らしい景観が物理的にできあがっていく。消費者は、そうした景観を目の当たりにすることで、ここが「中華空間」であると思い込む。言い方を変えると、店主は日本人の中国イメージを利用して、中国らしさに溢れる「記号」を生産する。消費者は、そこに「中華空間」があることを期待して訪れ、中国らしさの記号を消費するのである。

（2）リージョナル・フードスケープの形成

メキシコのユカタン料理

こうした現象は、エスニック・タウンだけに限定されない。フードスケープのいくつかの研究は、地域アイデンティティの高まりにより、「地域特有」の食が再生産されていった過程を述べている。メキシコの人類学であるアヨラ＝ディアスが研究対象とした、メキシコのユカタン料理を例に挙げてみよう。アヨラ＝ディアスは、『ユカタンにおけるフードスケープ』（Ayora-Diaz 2012）という本で、コチニータ・ピビル（*cochinina pibil*）という料理をとりあげることからはじめている（写真 4 －11）。

コチニータ・ピビルは、日本でも「ユカタン風の豚の煮込み」としてメキシコ料理店で提供されることがある。豚だけでなく、赤い玉ねぎ、酢、チリペッパーなどで煮込み、バナナの葉に包んで石蒸しにする。この料理は昔からユカタン半島にあるが、1990年代後半から新たに豆やチーズが入れられるようになった。アヨラ＝ディアスによると、この変化は、ユカタン半島にお

写真４－11　コチニータ・ピビル
最近では代表的なユカタン料理として、日本のメキシコ料理店でも提供されている（撮影2019年12月、大阪にて）。

ける地域アイデンティティの高まりと連動している。メキシコの東部にありカリブ海に臨むユカタン半島は、かつてマヤ文明の所在地であり、またカリブ海とヨーロッパが交差する地でもあった。ユカタン半島の料理は、もともとその地理的な影響により、ヨーロッパ、カリブ海、南米の料理をとりいれたコスモポリタンな性格をもっており、メキシコ中央部のそれとは異なる料理の伝統を築きあげてきた。だが、メキシコの独立後、ユカタン半島はメキシコの領土に組み込まれた。それに伴い、ユカタン料理もメキシコ料理の一部とみなされるようになった。しかし、ユカタンの知識人は後に、ユカタン半島がメキシコとは異なる文化をもつと主張しはじめた。ただし、こうした地域アイデンティティの高まりは、メキシコという国家におけるユカタン半島の独自性を強調するものであった。だから、ユカタン独自の料理を強調するとき、メキシコ中央部の要素の一部を入れるようになった。コチニータ・ピビルはユカタン半島で発展した料理である。しかし、それがメキシコの料理でもあることを示すため、メキシコシティの風味である豆やチーズを入れるようになった。

この事例は、「ユカタン料理」をめぐる「まなざし」が形成されるにあたり、国家と地域の間のせめぎあいがあったことを示している。一方で、ユカタン料理は、「ナショナリズム」の影響を顕著に受けている。メキシコの首都であるメキシコシティの料理法を入れることで、ユカタン料理がメキシコ料理の一部であることが示される。そのうえで、ユカタン料理が地域独自の料理体系であると主張するのである。ここでいう「地域アイデンティティ」は、単に地域の独自性を強調するのではなく、国家文化の多様性を主張するものになっている。国における食文化の多様性を主張する動きは、社会主義国家である中国でもみられる。

中国の広州料理

「食は広州（こうしゅう）にあり」というフレーズで有名な、中国広東省広州市を例にあげるとしよう。広大な国土をもつ中国では、四大料理、八大料理といわれるような、多種多様な食が存在する。日本人がよく思い浮かべる麵や餃子などは、伝統的には北方の料理である。四大料理のうち、北京や東北部の料理に影響を与えたのが山東（さんとう）料理、上海など沿海中部地域に影響を及ぼしたのが淮楊（わいよう）料理、麻婆豆腐などで知られる辛味の風味が四川（しせん）料理、ヤムチャやシューマイなどで知られる相対的に甘い料理が広東（かんとん）料理である。

広州の料理は広東料理に属すが、実際のところ広東省の料理といっても同じではない。そこで1990年代以降、広州市はさらに地域の独自性を強調するために、その下町の旧名をとって西関（さいかん）料理という新たなカテゴリーをつくりだした。広州の下町付近の村落でとれた五種類の水生植物（レンコン、マコモダケ、ヒシの実、クワイ、シナクログワイ；「五秀」とよばれる）をふんだんに用いた料理を提供するなど、広州らしい食を消費者に「見せる」ようになったのである。さらに西関の富裕層の住宅を広州らしい景観とし、青レンガの壁や横木の門やステンドグラスの窓でできたレストランを次々と建設している（写真４－12)。同時に、中国らしさを表す中華提灯などを吊るすこともある。そうした、地域的でもあり中国的でもある景観をつくりだし、そのなかで広州の特色をもつ「中国料理」を提供するようになっている。

フードスケープをめぐる以上の視点は、いずれも食の政治経済的な資源化に注目したものである。商業戦略や地域アイデンティティの高まりにより、食や食をめぐるまなざしが、いかに形成されてきたのかについて、視覚という切り口から読み解くのがフードスケープ研究の一つの方法である。フード

写真４－12　広州（西関料理）のフードスケープ
「五秀」（現地産の５種類の水生植物）すべてを一緒に炒めた料理（左）と広州らしさをあしらったレストラン（右）。いずれも1990年代以降に新しく創作された食の景観である。（撮影：2006年12月）

スケープは、民族／地域的な特色を主張する食の創作、もしくはグルメ街の創出などの研究に、適した概念となっている。

４　食を媒介とする人間・環境関係

（１）グローバル・フードシステムの調査と批判

他方で、フードスケープ研究には、視覚という切り口から距離をとり、人間と食環境のつながりに注目する流れもある。前述したように、フードスケープのスケープは、まなざしを指すため、この概念はもともと視覚と切り離すことができない。だが、この方向性は、視覚重視の食の創造が、本来あるべき人間と食環境のバランスを崩していると、批判することからはじめている。

カナダの人類学者であるウィンソンのスーパーマーケットの研究（Winson 2004）は、こうした議論の先駆けである。ウィンソンは、カナダの大手スーパーマーケットの棚に何が並べられているかを徹底的に調査した。具体的に彼が調べたのは、スーパーマーケットの経営者が、どこに何を置いて消費者に見せ、買わせようとしているのかについてである。その結果明らかになったのは、当然とはいえ、スーパーマーケットに並べられている食品は基本的に売ることを目的としており、健康についての考慮は二の次だということである。また、中央の売り場などの目立つところに、お菓子など高カロリーで健康に良くない食を並べる傾向が強い。ウィンソンは、スーパーマーケット店内の景観は、資本の論理に則っているため、それが消費者の肥満を増長させていると論じる。

現代社会において、食の生産—流通—消費は、国を越えてグローバルにつながっている。これを「グローバル・フードシステム」と呼ぶ。ウィンソンが批判するように、グローバル・フードシステムは経済効率重視であり、売り手は利益を上げるために食品を店の棚に並べる。消費者も、メディアなどを通して食品をめぐるまなざしを獲得し、それを選択・購買する。地理学者であるフレイザー（Fraser 2017）は、グローバル・フードシステムにより食が生産・流通し、それがスーパーマーケットに届けられ、最終的に人間の胃袋に入っていく過程を示す。食が生産—流通—消費する過程を具体的に示すことで、グローバル・フードシステムが抱える問題をあぶりだそうとするのである。そのうえで、フレイザーは、経済利益を優先するグローバル・フードシステムに対し、消費者が「抵抗」していく必要性を唱える。フレイザーは、「抵抗」の戦略として、具体的にストライキ、ボイコットなどを挙げるが、なかでも注目に値するのがオルターナティブな食のネットワークを重視することである。

（2）オルターナティブな食と食環境を求めて

フードスケープ研究では、グローバル・フードシステムへの反省から、コミュニティ・ベースのフードシステムをめぐる関心が、ますます高まっている。具体的には、より小規模な地理的範囲における食の生産—流通—消費に注目し、強化しようとする。

コミュニティ・ベースのフードシステムの対象として注目を集めているのが、「ファーマーズ・マーケット」など、地域に根差したフードシステムである。それは、北米、西ヨーロッパ、オーストラリアなど、今や世界のどこで

写真４－13　滋賀県近江市のファーマーズマーケット（左）とそこに提供される付近の自家製の野菜（右）。（撮影：2019年３月）

も見られる光景である。ファーマーズ・マーケットとは、農家が数軒集まり、自分たちが生産した農作物を消費者に直売する市場を指す（写真４－13）。グローバル・フードシステムを通した食と異なり、生産者の顔がみえるため、生産者と消費者の距離が近い。特に有機農産物の小売店として機能することで、消費者の食の安全を守ることができる。さらに、有機農産物は、農薬や化学肥料を使わず生産するため、環境の保護にもつながる。

このように、グローバル・フードシステムの脅威に対抗するため、地域レベルで生産者と消費者をつなぐオルターナティブなシステムが、近年注目を集めている。2007年にはロカヴォア（locavore 地元産の食品のみを食べる人の意味）という言葉も生まれた。健康・伝統・真正性・ユニークさをモットーとし、ローカルな季節料理の食材を小規模生産者から買い、家庭菜園やコミュニティ菜園を実行して、持続可能な農耕菜園の実現に結びつけるといった運動（locavorism）である。

５　より良い食と人間の健康を求めて

WHO（世界保健機関）は、1986年のオタワ憲章で、「ヘルスプロモーション」の概念を提唱した。ヘルスプロモーションとは「人々が自らの健康をコントロールし、改善できるようにするプロセス」と定義されている。この活動は、個々人が健康のために良い環境を主体的に整えることを重視している。この概念は、2005年のバンコク憲章でも再提唱され、地域活動を強める必然性もとりあげられた。こうした時流に合わせるかのように、21世紀に入ると、人間の健康と環境の健康との関連性が、文系／理系の垣根を越えて問われるようになっている。人間と環境とを切り離さず、環境の健康が人間の健康につながるという発想を、「エコヘルス」という。フードスケープ研究は、人間の健康を促進するため、どのように個々人が食をめぐる環境を整備するのかに、関心を払いはじめている。

注目に値するのは、栄養学、公衆衛生学、健康科学なども、食をめぐる社会的・文化的環境に関心を寄せはじめていることである。これらの分野は、往々にして食（栄養）⇔ 身体（健康）という軸に着目してきた。だが最近は、フードスケープの概念を用いることで、そこに環境という軸を入れ、環境が食や人間の健康に、どのような影響を及ぼすのかを検討するようになっている。

ここでも、まず批判の的とするのはグローバル・フードシステムである。グローバル・フードシステムが商業主義を推し進めた結果、伝統的な「人―食―環境」のバランスが崩れ、人々の食習慣が悪化したのだというのである。だから、食とその環境をまず整えることで、人間の健康を促進しようとする。そのケース・スタディとして、しばしば挙げられるのが学校である。学校では、給食など食の提供が制度化されている場合が多い。それゆえ、フードスケープ研究は、学校が地域の農場と提携をするなど、健康に良い食を提供する環境を整える可能性を探求する。また、学校でより良い食についての知識を子どもに教えるなど、社会環境を整えることも重視しはじめている。

これらの研究は、眺め、まなざしといった視覚の作用についてふれておらず、何がフードスケープであるのかという説明も、省略する傾向が強い。単に食の環境＝フードスケープとみなし、環境が人間の健康にもたらす能動的な作用（エージェンシー）について考察する研究も少なくない。フードスケープが食研究でなしてきた貢献は、食とそれをめぐる社会・文化的環境に、研究者の目をより向けさせてきた点にある。だが、フードスケープの研究は、文系・理系という垣根を越えて流行したため、かえってこの概念そのものが、あいまいになっている。これまでの研究を評価する一方で、フードスケープという概念を使って研究する意義について今一度再考すべき段階にきているのかもしれない。

【読書案内】

アパデュライ，アルジュン『さまよえる近代――グローバル化の文化研究』門田健一（訳），平凡社，2004

門司和彦・安本晋也・渡辺知保（編）『エコヘルス――21世紀におけるあらたな健康概念』医歯薬出版，2014

河合洋尚「フードスケープをめぐる研究動向」『民博通信』160：29，2018

河合洋尚「フードスケープ―「食の景観」をめぐる研究動向」『国立民族学博物館研究報告』45(1)：82-114，2020

ヨトヴァ，マリア『ヨーグルトとブルガリア―生成された言説とその展開』東方出版，2012

コラム4 地域の食の伝統を継承する

パルマの「食の博物館」

宇田川妙子

中部イタリアの内陸部、ポー川と山々に挟まれて広がる土地にパルマという街がある。中心には中世からの教会・建築物が建ち並び、ヴェルディやロセッティなどの音楽家を輩出したことでも有名だが、プロシュット・ディ・パルマ(生ハム)、パルミッジャーノ・レッジャーノ（チーズ）など、「美食の都」としても知られている。そして最近、「食の博物館」と称される博物館群が、ここにつくられた。

イタリアでは近年、地域振興が盛んになり、その一環として各地の文化や歴史にちなむ博物館が生まれるようになっている。もっとも、多くは小規模で、建物も既存の歴史的建物などを利用した簡便なものである。ただし、その形態は予算の問題というよりも、エコ・ミュージアム（エコロジーとミュージアムを合わせた造語）という考え方による。

これは、博物館をたんなる資料展示の場ではなく、地域の人々を巻き込んで、地域の文化継承・育成の場にしていこうと、1970年代からヨーロッパを中心に提唱されはじめた考え方である。なかでもイタリアでは、食への関心が高いためか、ワイン、パン、パスタなど食をテーマとするものが多い。そしてそれらの博物館では、その食の歴史、生産技術、祭などの地域文化との関連を示す展示のほか、生産体験などの教育プログラム、料理教室、試食・試飲などを兼ねたイベントも催されている。

7つの食の博物館群

さて、パルマの「食の博物館」もその一つだが、複数の博物館から成っているという特徴をもつ。パルマは近郊に複数の河川を有し、長い間その地形がつくりだす独特の環境・気象を利用して、多種多様な食品を生産してきた。早くからローマへの巡礼路になるなど、交通の要であったことも発展をうながした。現在では、小規模な生産者だけでなく、パスタで有名なバリッラ、乳製品を扱うパルマラット等、イタリア有数の食品企業が稼働している。そして1999年、この土地を代表する食品の博物館構想が持ち上がり、2003年にパルミッジャーノ・レッジャーノ博物館が開館した。以降、プロシュット・ディ・パルマ、サラミ、パスタ、トマト、ワイン、クラテッロ（生ハムの一種）が加わり、今では7つの博物館が「食の博物館」と総称されている。

写真1　奥に見えるのはトマト博物館とパスタ博物館が入っている建物
第2次世界大戦直後まで大規模農園として使われていたが、それ以前は巡礼者用宿舎施設を兼ねた修道院だった。今でも周囲には農地が広がる。

地域に根づく食

ただしこれら7つの博物館は、市街地につくられたのではなく、県内の農村部に点在していることにも注目したい。このことは交通の便を考えると、観光などの経済効果が悪く、実際、計画当初は反対意見も多かったという。

しかし、食文化の適切な理解のためには、それらが生産されている環境や歴史を把握する必要があると、この博物館群の立役者である前館長のゴリッツィ氏は強調する。たとえば、パルミッジャーノの生産には、イタリアでは稀な夏の湿気が必要だが、その条件は、この地域を流れるターロ川の渓谷によってもたらされている。一方、プロシュットには乾燥する風が吹く東部の地形が不可欠である。また、クラテッロは、同じ生ハムでも一定の湿気を必要とし、したがってポー川流域が生産適地である。ちなみに、ヨーロッパでは現在、ある食品の品質が特定の環境・歴史と密接に結びついている場合、その産地名を商品名として保護する地理的表示という施策が普及しているが、パルマのチーズや生ハムも、「原産地呼称保護」という最も厳格なランクにすでに登録されている。

したがってこの計画でも、博物館は食と環境との結びつきがわかる生産地につくるべきだという意見が最終的に主流になった。しかも議論の過程で、そうした分散化は、市街地だけでなく県内全域を観光化するきっかけになるだろうという新たな期待が出てきたことも興味深い。

食文化の次世代への継承

では、その思惑がどれだけ当たったのか……結論を出すにはまだ早い。しかし、ここ数年、7つの博物館をつなぎ、周辺の歴史的モニュメントなども加えた「食の道」という観光ルートが整備され、これまで主に美術や音楽などに惹かれてパルマにやってきた観光客の関心は、確実に食にも広がっている。

そして特筆すべきは、博物館の入館者として、それぞれの博物館が位置する地域住民たちの数が増えていることである。どの博物館も、地元住民には入場料を優遇し、小中学校などに教育プログラムを提供している。また、開館日は、一般の入館者に対しては土日のみだが、学校の集団授業のためには週日も開館する。こうした地元優先の試みは、地域の食文化に対する次世代の関心を高め、食文化の継承につなげるためである。

近年、グローバル化などの影響によって、地元の人たちでさえこれらの食材を口にすることが少なくなり、若者たちの伝統的な食の知識・関心は低下しているという。ゆえに「食の博物館」の最大の目的は、観光などの短期的な収益ではなく、長期的な文化の育成であると、ゴリッツィ前館長は語っていた。その意味でこの博物館群は、食文化における博物館の役割や意義を考えるモデルとしても、大きな示唆を与えてくれるに違いない。

写真2　パルミッジャーノ・レッジャーノ博物館内部（中央に見えるのは、牛乳を凝固させるための大釜。チーズ製造所だった建物を改装して使用）

【参照・引用文献】

＊括弧内の年号は原典初版。
＊外国語文献のうち、日本語訳のあるものについては対応する文献の著者・年号を付した。

第１章

アパデュライ，アルジュン 2004（1996）『さまよえる近代—グローバル化の文化研究』門田健一（訳），平凡社
アダムズ，キャロル J．1994（1990）『肉食という性の政治学—フェミニズム，ベジタリアニズム批評』鶴田静（訳），新宿書房
石毛直道 1996「食事文化」『日本民族学の現在—1980年代から90年代』ヨーゼフ・クライナー（編），新曜社，129-143頁
——— 1998「食文化に関する民族学的研究の動向」『食文化の領域と展開』芳賀登・石川寛子（監修），雄山閣，55-76頁
石毛直道・鄭大聲（編）1995『食文化入門』講談社
インゴルド，ティム 2020（2018）『人類学とは何か』奥野克巳・宮崎幸子（訳），亜紀書房
ヴィヴェイロス・デ・カストロ，E．2015（2009）『食人の形而上学—ポスト構造主義的人類学への道』檜垣立哉・山崎五郎（訳），洛北出版
大貫恵美子 1995『コメの人類学—日本人の自己認識』岩波書店
小倉ヒラク 2017『発酵文化人類学』木楽舎
河合利光 2001（1999）『身体と形象—ミクロネシア伝承世界の民族誌的研究』風響社（博士論文〔東京都立大学〕改題）
——— 2009『生命観の社会人類学—フィジー人の身体・性差・ライフシステム』風響社
——— 2015『神が創った楽園—オセアニア／観光地の経験と文化』時潮社
——— 2021「ジェンダー」野林厚志・他（編）『世界の食文化百科事典』丸善出版
河合利光（編）2000『比較食文化論—文化人類学の視点から』建帛社
ギアツ，クリフォード 1983（1973）『文化の解釈学Ⅰ，Ⅱ』吉田禎吾他（訳），岩波書店
クラックホーン，クライド 1971（1949）『人間のための鏡—文化人類学入門』光延明洋（訳），サイマル出版会
クリフォード，ジェームス/ジョージ・マーカス（編）1996（1986）『文化を書く』春日直樹他（訳），紀伊国屋書店
桑山敬己 2018「文化相対主義の源流と現代」『詳論　文化人類学』桑山敬己・綾部真雄（編），ミネルヴァ書房，3-16頁

コーン，エトゥアルド 2016（2014）『森は考える―人間なるものを超えた人類学』奥野克己・近藤宏（監訳），西紀書房
コウ，ソフィー・D/マイケル・D. コウ 2017（1996）『チョコレートの歴史』樋口幸子（訳），河出文庫（河出書房新社）
コナトン，ポール 2011（1989）『社会はいかに記憶するか―個人と社会の関係』芦刈美紀子（訳），新曜社
サーリンズ，マーシャル D. 1987（1976）『人類学と文化記号論―文化と実践理性』山内昶（訳），法政大学出版局
サイード，エドワード 1993『オリエンタリズム』（上・下）平凡社ライブラリー
砂野唯 2019『酒を食べる―エチオピアのデラシャを事例として』昭和堂
タイラー，E.B., 1962（1871）『原始文化』比屋根安定（訳），誠信書房
滝口直子・秋野晃司（編）1995『食と健康の文化人類学』学術図書出版
ダイヤモンド，ジャレド 2013（2013）『銃・病原菌・鉄』（上・下巻）倉骨彰（訳），草思社
ブルデュー，ピエール 1990（1979）『ディスタンクシオン―社会的判断力批判』石井洋二郎（訳），全2冊，藤原書店，英語版 1984
マリノフスキー，B. K. 1967（1922）「西太平洋の遠洋航海者」『世界の名著』59, 寺田和夫・増田義郎（訳），中央公論社
ミンツ，シドニー 1988（1985）『甘さと権力―砂糖が語る近代史』川北稔・和田光弘（訳），平凡社
メネル，スティーブン 1989（1985）『食卓の歴史』北代美和子（訳），中央公論社
森枝卓士・南直人（編）2004『新・食文化入門』弘文堂
ラトゥール，ブルノ 2008（1991）『虚構の近代―科学人類学は警告する』川村久美子（訳），新評論，英語版 1993
レイコフ，G., M. ジョンソン 1986（1986）『レトリックと人生』渡辺昇一・楠瀬淳三・下谷和幸（訳），大修館書店
吉田集而 1986「物質文化（食）」日本民族学会編『日本の民族学1964〜1983』弘文堂，112-118頁
ワトソン，ジェームス 2003（1998）『マクドナルドはグローバルか―東アジアのファーストフード』前川啓治・他（訳），新曜社，英語版初版 1975
Appadurai, Arjun, 1986, Gastro-Politics in Hindu South Asia. *American Ethnologist* 8(3): 494-511.
———— 1988, How to Make a National Cuisine: Cookbooks in Contemporary India. *Comparative Studies in Society and History*. 30(1): 3-24.
Atkins, Peter J. and Ian R. Bowler, 2001, *Food in Society: Economy, Culture, Geography*. London: Oxford University Press.

Bachmann-Medick, Doris, 2016 (2015), *Cultural Turns: New Directions in the Study of Culture*, translated by Adam Blauhut. Berlin and Boston: DeGruyter.

Belasco, Warren J., 2008, *Food: The Key Concepts*. Oxford and New York: Berg.

Bonnell, Victoria E., and Lynn Hunt, eds., 1999, *Beyond the Cultural Rurn: The New Direction in the Study of Society and Culture*. Berkeley / Los Angeles / London: University of California Press.

Bourdiew, Pierre, 1984 (1979), *A Social Critique of the Judgement of Taste*. London and New York: Routledge. (日訳：ピエール・ブルドゥー 1990)

Cairns, Kate and Jósee Johnston, 2015, *Food and Feminism*. Bloomsbury: UAS Academic.

Caldwell, Melissa, 2009, *Food and Everyday Life in the Post Nationalist World*. Bloomington: Indiana University Press.

Cook, David et al, 2000, *Cultural Turn / Geographical Turns: Perspectives on Cultural Geography*. London and New York: Routledge.

Counihan, Carole, 1999, *The Anthropology of Food and Body: Gender, Meaning and Power*. London: Routledge.

Csordas, Thomas, 1988, Embodiment as a Paradigm for Anthropology, *Ethos* 18: 5-47.

——— 1994, Introduction: The Body as Representation and Being-in-the-World. Thomas Csordas ed. *Embodiment and Experience: The Existential Ground of Culture and Self*. Cambridge: Cambridge University Press.

DeVault, Marjorie.L. 1991, *Feeding the Family: The Social Organization of Caring as Gendered Work*. Chicago and London: University of Chicago Press.

Douglass, Mary, 1972, Deciphering Meal. In Implicit Meanings: Essays in Anthropology. London: Routledge.

Farquhar, Judith, 2002, *Appetites: Food and Sex in Post Socialist China*. Durham & London. Duke University London: Routledge & Kegan Paul.

Galvin, Seshia, S., 2018, Interspecies Relations and Agrarian Worlds. *Annual Review of Anthropology*, vol.47. pp. 233-249.

Goody, Jack, 1982, *Cooking, Cuisine and Class: A Study in Comparative Sociology*. Cambridge: Cambridge University Press.

Henare, Amiria, Martin Holbraad and Sari Watell., 2007, *Thinking Through Things: Theorising Artifacts Ethnographically*. London: Routledge.

Ingold, Tim., 2018, *Anthropology: Why It Matters*. Cambridge: Polity Press. (訳：ティム・インゴルド 2020)

Jameson, Fredric, 1998, *The Cultural Turn: Selected Writing on the Postmodern, 1983-1998*. London: Verso.

Kohn, Eduardo, 2013, *How Forests Think: Toward an Anthropology beyond the Human*. Berkley: University of California Press.（訳：エドゥアルド・コーン 2016）

Latour, Bruno, 1998, *We Have Never Been Modern*. Cambridge: Harvard University Press.（訳：ブルノ・ラトゥール 2008）

Levine, Hall, 2011, New Zealand's Ban on Kosher, Slaughtering. *Ethnology*, vol. 50(3): 209-222.

Lien, Elisabeth M., 1997（1987）, *Marketing and Modernity*. Oxford and New York: Berg.

Macbeth, Helen and Teremy MacClancy eds., 2004, *Researching Food Habits: Methodal Problems*. New York and Oxford: Berghahn Books.

Matchar, E., 2013, *Homeward Bound: Why Women are Embracing the New Domesticity*. New York: Sirnon & Schuster.

Miller, Daniel, 1998, *A Theory of Shopping*. Cambridge: Polity Press.

Miller, Jeff and Jonathan Deutsch, 2009, *Food Studies: An Introduction to Research Methods*. Oxford and New York: Berg.

Mintz, Sidney and Christine M. DuBois, 2002, The Anthropology of Food and Eating. *Annual Review of Anthropology*, 31: 99-119.

Oxfeld, Ellen, 2017, *Bitter and Sweet: Food, Meaning and Modernity in Rural China*. California: University of California Press.

Radcliffe-Brown, A.R., 1922, *The Andaman Islanders*. Cambridge: Cambridge University Press.

Richards, Audrey I., 1932, *Hunger and Work in a Savage Tribe: A Functional Study of Nutrition among the Southern Bantu*. London: George Routledge & Son.

——— 1939, *Land Labour and Diet in Northern Rhodesia: An Economic Study of the Bemba Tribe*. International African Institute: Oxford University Press.

Sahlins, Marshall D., 1976, *Culture and Practical Reason*. Chicago: University of Chicago Press.（訳：マーシャル・サーリンズ 1987）

Said, Edward A., 1978, Orientalism. New York: Patheon.（訳：エドワード・サイード 1993）

Strathern, Andrew J., 1996, *Body Thoughts*. Ann Arbor: The University of Michigan Press.

Sutton, David and David Berries., 2015, Teaching Restaurants. C.L.Swift and R.Wilk eds., *Teaching Food and Culture*. New York: Routledge.

Wiley, Andrea St., 2015, Just Milk? Nutritional Anthropology and the Single-Food Approach. C.L.Swift and R.Wilk eds., *Teaching Food and Culture*. New York: Routledge.

第2章

赤嶺淳 2010『ナマコを歩く―現場から考える生物多様性と文化多様性』新泉社
荒川正也 2000「食の流通と消費」『比較食文化論―文化人類学の視点から』河合利光（編），建帛社，103-118頁
石川登 2008『境界の社会史―国家が所有を宣言するとき』京都大学学術出版会
伊勢田哲治 2008 『動物からの倫理学入門』名古屋大学出版会
鬼頭秀一 1996『自然保護を問いなおす―環境倫理とネットワーク』筑摩書房
グプティル，エイミー他 2016（2013）『食の社会学―パラドクスから考える』伊藤茂（訳），NTT出版
白水士郎 2009「生命・殺生―肉食の倫理、菜食の論理」『環境倫理学』鬼頭秀一・福永真弓（編），東京大学出版会，49-66頁
シンガー，ピーター 2011（2009）『動物の解放』（改訂版）戸田清（訳），人文書院
鶴見良行 1982『バナナと日本人』岩波書店
チン，アナ 2019（2015）『マツタケ―不確定な時代を生きる術』赤嶺淳（訳），みすず書房
ミンツ，シドニー 1988（1985）『甘さと権力―砂糖が語る近代史』川北稔・和田光弘（訳），平凡社
村井吉敬 1988『エビと日本人』岩波書店
農林水産省 2019「食料自給率の推移」（http://www.maff.go.jp/j/zyukyu/zikyu_ritu/012.html）
野林厚志（編）2018『肉食行為の研究』平凡社
比嘉理麻 2015『沖縄の人とブタ―産業社会における人と動物の民族誌』京都大学学術出版会
――――― 2018「野生獣肉の大量生産・消費は可能か―沖縄における豚肉の大量消費から」『農業と経済』84(6)：32-37
ベスター，テオドル 2007（2004）『築地』和波雅子・福岡伸一（訳），木楽舎
山内友三郎・浅井篤（編）2008『シンガーの実践倫理を読み解く―地球時代の生き方』昭和堂
山本紀夫 2017『コロンブスの不平等交換―作物・奴隷・疫病の世界史』角川選書
リッツァ，ジョージ 1999（1993）『マクドナルド化する社会』正岡寛司（訳），早稲田大学出版部
ワトソン，ジェームス（編）2003（1998）『マクドナルドはグローバルか―東アジアのファーストフード』前川啓治・他（訳），新曜社，英語版初版 1975
Belasco, Warren J., 2008 *Food: The Key Concepts*. Oxford and New York: Berg.
Bestor, Theodore C. 2004 *Tsukiji: The Fish Market at the Center of the World*.

California: University of California Press.（訳：テオドル・ベスター 2007）

Charsley, Simon R., 1992, *Wedding Cakes and Cultural History*. London: Routledge.

Dixon, Jane 2007 Supermarkets as New Food Authorities. David Burch and Geoffrey Lawrence eds. *Supermarkets and Agri-food Supply Chain*. Edward Elgar.

Goody, Jack, 1982, *Cooking, Cuisine and Class: A Study in Comparative Sociology*. Cambridge: Cambridge University Press.

HIGA, Rima, 2014, Meat Processing by De-Animalization: Pork as a Ritual Meal and Tourism Resource in Okinawa, Japan. H.W.Wong and K. Maegawa eds. *Revisiting Colonial and Postcolonial: Anthropological Studies of the Cultural Interface*. Bridge 21 Publications, pp.223-247.

Howes, David, 2005, Hyperesthesia, or, The Sensual Logic of Late Capitalism. *Empire of the Senses: The Sensual Culture Reader*. David Howes ed. Oxford and New York: Berg, pp.281-303.

Ishikawa, Noboru and Ryoji Soda eds., 2019 *Anthropogenic Tropical Forests: Human-Nature*. Interfaces on the Plantation Frontier, Singapore: Springer.

Mintz, Sidney, 1985, *Sweetness and Power: The Place of Sugar in Modern History*. New York: Viking Penguin Inc.（訳：シドニー・ミンツ 1988）

―― 1996, *Tasting Food, Tasting Freedom: Excursions into Eating, Culture, and the Past*. Boston: Beacon Press.

―― 2008, *Fermented Beans and Western Taste*. Christine M. DuBois, Chee-Beng Tan, and Sydney Mintz eds., *The World of Soy*. Urbana and Chicago: University of Illinois Press.

Rappaport, Roy A. 1968 *Pigs for the Ancestors: Ritual in the Ecology of a New Guinea People*. New Heaven: Yale University Press.

Seremetakis, Nadia C., 1994, *The Memory of the Senses*, Part1: Marks of the Transitory. Seremetakis, Nadia C. ed., *The Senses Still: Perception and Memory as Material Culture in Modernity*. Chicago: The University of Chicago Press. pp.1-18.

Singer, Peter, 1975, *Animal Liberation: A New Ethics for Our Treatment of Animals*. New York: Random House.

Tsing, L. Anna, 2015, *The Mushroom at the End of the World: On the Possibility of Life in Capitalist Ruins*. Princeton and Oxford: Princeton University Press（訳：チン・アナ 2019）

Webb, S. David, 2006, The Great American Biotic Interchange: Patterns and Processes. *Annals of the Missouri Botanical Garden*, Vol.93, No.2（Aug., 2006）, pp. 245-257.

Nestle, Marion, 2007, *Food Politics: How the Food Industry Influences Nutrition*

and Health. California: University of California Press.
Wilk, Richard R., 2002, Food and Nationalism: The Origin of 'Belizean Food', in Warren Belasco and Philip Sctraton eds. *Food Nations: Selling Taste in Consumer Societies*. New York: Routledge.
Vialles, Noelie, 1994, *Animal to Edible*. translated by J.A. Underwood. Cambridge: Cambridge University Press.

第３章

朝水宗彦 2003『オーストラリアの観光と食文化（改訂版）』学文社
碇陽子 2018『「ファット」の民族誌―現代アメリカにおける肥満問題と生の多様性』明石書店
インゴルド，ティム 2018（2015）『ライフ・オブ・ラインズ―線の生態人類学』箕菜奈子・島村幸忠・宇佐美達郎（訳），フィルムアート社
宇田川妙子 2011「豊かな暮らしを求めて―イタリアのスローフードに学ぶ」『世界の食に学ぶ―国際化の比較食文化論』河合利光（編），時潮社，205-228頁
宇田川妙子・中谷文美（編）2007『ジェンダー人類学を読む―地域別・テーマ別基本文献レヴュー』世界思想社
エリアス，ノルベルト 2010（1969）『文明化の過程』赤井慧爾他（訳），法政大学出版局
落合恵美子 2019『21世紀家族へ―家族の戦後体制の見かた・超えかた』第４版，有斐閣
表真美 2010『食卓と家族―家族団らんの歴史的変遷』世界思想社
片山一道 1991『ポリネシア人―石器時代の遠洋航海者たち』同朋舎出版
河合利光 2001『身体と形象―ミクロネシア伝承世界の民族誌的研究』風響社
――― 2009『生命観の社会人類学―フィジー人の身体・性差・ライフシステム』風響社
――― 2015『神が創った楽園―オセアニア/観光地の経験と文化』時潮社
――― 2017「石蒸し料理にみる食縁―オセアニアの支え合いの贈与交換と自然認識」『食をめぐる人類学―飲食実践が紡ぐ社会関係』櫻田涼子・稲澤努・三浦哲也（編），昭和堂，227-258頁
菊澤律子 1999『標準フィジー語入門』平成11年度言語研修標準フィジー語教材Ⅱ，東京外国語大学アジア・アフリカ言語文化研究所
岸上伸啓 2007『カナダ・イヌイットの食文化と社会変化』世界思想社
小林盾 2000「社会階層と食生活―健康への影響の分析」『理論と方法』21(1)：81-793
サーリンズ，マーシャル D．1984（1982）『石器時代の経済学』山内昶（訳），

法政大学出版会
櫻田涼子 2016a「『故郷の味』を構築する―マレー半島におけるハイブリッドな飲食文化」『僑郷―華僑のふるさとをめぐる表象と実像』川口幸大・稲澤努（編），行路社，173-192頁
――― 2016b「甘いかおりと美しい記憶―マレー半島の喫茶文化コピティアムとノスタルジアについて」『華人という描線―行為実践の場からの人類学的アプローチ』津田浩司・櫻田涼子・伏木香織（編），風響社，161-190頁
――― 2017「住宅内のどこで、だれと、どのように食べるか―マレーシア華人社会の正月菓子『年餅』から浮かびあがる社会関係」『食をめぐる人類学―飲食実践が紡ぐ社会関係』櫻田涼子・稲澤努・三浦哲也（編），昭和堂，149-171頁
佐藤祐子・山根真理 2008「『食』と社会階層に関する研究―高校生に対する『食生活と家族関係』についての調査から」『愛知教育大学家政教育講座紀要』38：83-98
ジンメル，ゲオルク 2004（1917）「食事の社会学」『社会学の根本問題（個人と社会）』居安正（訳）世界思想社，155-167頁
ストラザーン，マリリン 2015（2004）『部分的つながり（第2版）』大杉高司他（訳），水声社
全国食糧振興会（編）1986『トンガ式健康法に学ぶ』農村漁村文化協会
高田高理・栗田靖之・CDC 2004『嗜好品の文化人類学』講談社（選書メチエ296）
中谷文美 2003『「女の仕事」のエスノグラフィ―バリ島の布・儀礼・ジェンダー』世界思想社
西澤治彦（編）2019『「国民料理」の形成』ドメス出版
畑中三応子 2013『ファッションフード、あります。―はやりの食べ物クロニクル1970-2010』紀伊國屋書店
ブリア＝サヴァラン 1967（1825）『美味礼賛』関根秀雄他（訳），岩波書店
ブルデュー，ピエール 1990（1979）『ディスタンクシオン―社会的判断力批判（全2冊）』石井洋二郎（訳），藤原書店
ペトリーニ，カルロ 2009（1986）『スローフードの奇蹟』石田雅芳他（訳），三修社
ポチエ，ヨハン 2003（1999）『食糧確保の人類学―フード・セキュリティ』山内彰・西川隆（訳），法政大学出版会
ポランニー，カール 1980（1977）『人間の経済―交易・貨幣および市場の出現Ⅰ．Ⅱ』玉野井芳郎・中野忠（訳），岩波現代選書
ボードリヤール，ジャン 1995（1970）『消費社会の神話と構造』今村仁司他（訳），紀伊國屋書店
モース，マルセル 2009（1925）『贈与論』吉田禎吾・江川純一（訳），ちくま学芸文庫

森枝卓士 2007『食べてはいけない！』白水社
安井大輔（編）2019『フードスタディーズ・ガイドブック』ナカニシヤ出版
柳田國男 1977（1932）『食物と心臓』講談社学術文庫
山我哲雄 2016「旧約聖書とユダヤ教における食物規定（カシュルート）」『宗教研究』90(2): 183-207.
吉田正紀 2020『見知らぬ文化の衝撃—文化人類学に生きて』東信堂
ラプトン，デボラ 1999（1996）『食べることの社会学—食・身体・自己』無藤隆・佐藤恵理子（訳），新曜社
Anderson, E.N., 2005, *Everyone Eats: Understanding Food and Culture*. New York: New York University Press.
Appadurai, Arujun, 1988, How to Make a National Cuisine: Cookbooks in Contemporary India. *Comparative Studies in Society and History*, 30(1): 3-24.
Australian Bureau of Statistics, 2016 Census.
Becker, Anne E., 1995, *Body, Self, and Society: The View from Fiji*. Philadelphia: University of Pennsylvania.
Belasco, Warren J., 2008, *The Key Concepts*. Oxford and New York: Berg.
Bryant, C.A., B.A. Markesbery, K.M.DeWalt., 1985, *The Cultural Feast: An Introduction to Food and Society*. New York et.al: West Pub. Co.
Blaxter, M. and Paterson, E., 1983.The Goodness Is Out of It: The Meaning of Food to Two Generations. In Murcott, A. ed., *The Sociology of Food and Eating*. Aldershot: Gower, pp.95-105.
Brink, Pamela J., 1995, Fertility and Fat: The Annang Fattening Room. Egor de Carine and Nancy J. Pollock eds., *Social Aspects of Obesity*. London and New York: Tailor & Francis.
Carsten, Janet 1995. The Substance of Kinship and the Heat of the Hearth: Feeding, Personhood, and Relatedness among Malays in Pulau Langkawi. *American Ethnologist*, vol. 22(2), pp.223-241.
——— 1997. *The Heat of the Hearth: The Process of Kinship in a Malay Fishing Community*. Oxford: Clarendon Press.
Carsten, Janet ed. 2000. *Cultures of Relatedness: New Approaches to the Study of Kinship*. Cambridge: Cambridge University Press.
Christian, Douglass Drozpow-St., 2002, *Elusive Fragments: Making Power, Propriety & Health in Samoa*. Durham: Carolina Academic Press.
Courtney, Byyant and Markesbery DeWalt, 1985, An Introduction to Food and Soiety: A Cultural Feast. Minnesota: West Pub. Co.
Counihan, Carole, 2004, *Around the Tuscan Table: Food, Family and Gender in Twenties Century Florence*. London: Routledge.

Eating Out in Australia 2017. http://www.the-drop.com.au/wp-content/uploads/2016/11/EatingOutinAustralia_2017_Respondent-Summary.compressed.pdf（2021年2月14日アクセス）

Farquhar, Judith, 2002, *Appetites: Food and Sex in Post Socialist China*. Durham & London. Duke University Press.

Fernandetz, James, 1982, *Bwiti: An Ethnography of the Religious Imagination in Africa*. Princeton NI: Princeton University Press.

Foster, Robert J. 1990, Nurture and Force Feeding: Mortuary, Feasting, and the Construction of Collective Individuals in a New Ireland Society. *American Ethnologist*, 17(3): 431-48.

Gabaccia, Donna R. 2009, *We Are What We Eat: Ethnic Food and the Making of Americas*. Harvard University Press.

Gewertz, Deborah and Frederick Errington, 2016, *Cheep Meat: Flap Food Nations in the Pacific Islands*. University of California Press.

Goody, Jack, 1982, *Cooking, Cuisine and Class: A Study in Comparative Sociology*. Cambridge University Press.

Holtzman, Jon D., 2006, Food and Memory. *Annual Review of Anthropology*, vol.35: 361-378.

Howes, David 2005, Hyperesthesia, or, The Sensual Logic of Late Capitalism. *Empire of the Senses: The Sensual Culture Reader*. David Howes ed. Oxford and New York: Berg. pp.281-303.

Ip, David et al., 1994. *Images of Asians in Multicultural Australia, Multicultural Center*. Sydney: University of Sydney.

Janowski, Monica and Fiona Kerlogue eds., 2007, *Kinship and Food in South East Asia*. Copenhagen: NIAS Press.

Kahn, Miriam, 1986, *Always Hungry, Never Greedy: Food and the Expression of Gender in a Melanesian Society*. Cambridge: Cambridge University Press.

Kawai, Toshimitsu, 1987, Females Bear Men, Land and *Eterekes*: Paternal Nurture and Symbolic Female Roles on Truk. Iwao Ushijima and Ken-ichi Sudo eds., *Cultural Uniformity and Diversity in Micronesia.* Senri Ethnological Studies, No.21. 107-125.

La Cecla, Franco, 2007, *Pasta and Pizza*. Chicago: Prickly Paradigm Press.

Lemonnier, Pierre, 1996, Food, Competition, and the Status of Food in Papua New Guinea, Wiessner and W.Schiefenhövel eds., *Food and the Status Quest: An Interdisciplinary Perspective*. Oxford: Berghahn Books.

Lindlahr, Victor H. 1988 *You Are What You Eat: How to Win and Keep Health with Diet*. Thorsons.

Meigs, Anna, S., 1984, *Food, Sex, and Pollution.: A New Guinea Religion*. New Brunswick: Rutgers University Press.

—— 1997 (1988), Food and Cultural Construction. In Carole Counihan and Penny Van Esterik eds., *Food and Culture: A Reader*. New York: Routledge.

Munn, Nancy, 1986, *The Fame of Gawa: A Symbolic Study of Value Transformation in a Massim (Papua New Guinea) Society*. Cambridge: Cambridge University Press.

OMalley, Pat. and Valverde, Mariana., 2004, Pleasure, Freedom and Drugs: The Use of 'Pleasure' in Liberal Governance of Drug and Alcohol Consumption, *Sociology*, 38(1): 25-42.

Powdermaker, Hortense, 1997 (1960), An Anthropological Approach to the Problem of Obesity. In Carole Counihan and Penny Van Esterik eds., *Food and Culture: A Reader*. New York: Routledge.

Pollock, Nancy J. eds., *Social Aspects of Obesity*. London and New York: Taylor & Francis.

Rosman, Abraham, Pula Rubel, 1971, *Feasting with Mine Enemy: Rank and Exchange among North East Coast Societies*. New York and London: Columbia University Press.

Rubel, Paula, Abraham Rosman, 1978, *Your Own Pigs You May Not Eat: A Comparative Study of New Guinea Societies*. Chicago and London: The University of Chicago Press.

Sahlins, Marshall D., 1965, On the Sociology of Primitive Exchange. N.Banton ed., *The Relevance of Models for Social Anthropology*. ASA Monographs. Tavistock.

Schütz, Albert J., 1985, *The Fijian Language*. Honolulu: University of Hawaii Press.

Strathern, Marilyn., 1988, *The Gender of the Gift: Problems with Women and Problems with Society in Melanesia*. Berkley: University of California Press.

——1992, *After Nature: English Kinship in the Late Twentieth Century*. Cambridge: Cambridge University Press.

Sutton, David E., 1998, Memories Cast in Stone: *The Relevance of the Past in Everyday Life*. Oxford and New York: Berg.

—— 2001, *Remembrance of Repasts: An Anthropology of Food and Memory*. Oxford and New York: Berg.

Ulijaszek, Sanley J. and Hayley Lofink, 2006, Obesity in Biocultural Perspective. *Annual Review of Anthropology*, vol. 35: 337-359.

Wiessner and W. Schiefenhövel, 1996, *Food and the Status Quest: An Interdisciplinary Perspective*. Oxford: Berghahn Books.

Young, Michael W., 1971, *Fighting with Food: Leadership, Values and Social Control in a Massim Society*. Cambridge: Cambridge University Press.

第4章

アパデュライ，アルジュン 2004（1996）『さまよえる近代―グローバル化の文化研究』門田健一（訳），平凡社
石毛直道・小山修三・山口昌伴・栄久庵祥二 1985『ロスアンジェルスの日本料理店―その文化人類学的研究』ドメス出版
金田辰夫 1990『農業ペレストロイカとソ連の行方』NHKブックス589
河合洋尚 2020『景観人類学入門』風響社
熊谷真菜 1993『たこやき』リブロポート
武田友加 2011『現代ロシアの貧困研究』東京大学出版会
中井和夫 2004「飢餓」川端香男里他（監修）『新版ロシアを知る事典』平凡社
福井勝義 1982「牧畜社会の生活」『社会科のための文化人類学（下）』祖父江孝男監修・星村平和・他（編），東京法令出版，806-827頁
ポチエ，ヨハン 2003（1999）『食糧確保の人類学―フード・セキュリティ』山内彰・西川隆（訳），法政大学出版会
三浦良子 2011「食のペレストロイカ」『ロシア文化の方舟―ソ連崩壊から20年』野中進・三浦清美・ヴァレーリー・グレチュコ・井上まどか（編），東洋書店，38-46.
山村理人 1997『ロシアの土地改革―1989～1996年』多賀出版
雪印乳業健康生活研究編・石毛直道・和仁皓明（編）1992『乳利用の民族誌』中央法規
吉田睦 2003『トナカイ牧畜民の食の文化社会誌―西シベリア・ツンドラ・ネネツの食の比較文化』彩流社
――― 2009「西シベリアの先住民族」『世界の食文化20　極北』岸上伸啓（責任編集），農文協，161-206頁
ヨトヴァ，マリア 2012『ヨーグルトとブルガリア――生成された言説とその展開』東方出版
Appadurai, Arjun., 1996, *Modernity at Large: Cultural Dimensions of Globalization*. Minneapolis: University of Minnesota Press.（訳：アルジュン・アパデュライ 2004）
Ayora-Diaz, Stephan Igor, 2012, *Foodscapes, Foodfields, and Identities in Yucatan*. New York and Oxford: Berghahn Books.
Bildtgård, Torbjörn, 2009, Mental Foodscapes: Where Swedes Would Go to Eat Wall (and Places They would Avoid). *Food Culture and Society*, 12: 498-523.
Caldwell, Melissa L., 2004, *Not by Bread Alone: Social Support in the New Russia*. Berkeley, Los Angeles and London: University of California Press.

——— 2009, Tempest in a Coffee Pot: Brewing Incivility in Russia's Public Sphere, M.L. Caldwell ed., *Food & Everyday Life in the Post-Socialist World*. Bloomington & Indianapolis: Indiana University Press. pp.101-129.

Ferrero, Silvia., 2002, Combia Sin Par. Consumption of Mexican Food in Los Angeles: Foodscapes in a Transnational Consumer Society. W. Belasco and P. Scranton eds. *Food Nations: Selling Taste in Consumer Societies*. New York: Routledge.

Fraser, Alistair., 2017, *Global Foodscapes: Oppression and Resistance in the Life of Food*. London and New York: Routledge.

Growther, Gillian, 2018, *Anthropological Guide to Food*. Toronto, Buffalo, London: University of Toronto Press. Second edition.

Winson, Anthony., 2004, Bringing Political Economy into the Debate on the Obesity Epidemic. *Agriculture and Human Values*, 21.

索　引

＊検索項目の括弧内の語彙は、同一の項目に含む。また、矢印（→）は、参照項目を示す。

■人名

【ア行】

【カ行】

【サ行】

【タ行】

【ハ行】

■国・地域・民族

【マ行】

【ヤ行】

【ラ行・ワ】

■事項

【ア行】

【タ行】

【ナ行】

【ハ行】

【マ行】

【ヤ行】

【ラ行・ワ】

〈執筆者紹介〉

河合利光
「編著者略歴」参照

石川　登　京都大学東南アジア地域研究研究所・教授。マレーシア領ボルネオで臨地調査を行う。直近のテーマ：プランテーションによるアブラ椰子生産の社会生態的影響。*Anthropogenic Tropical Forests: Human-Nature Interfaces on the Plantation Frontier* (springer 2019)。

宇田川妙子　国立民族学博物館超域フィールド科学研究部・教授。イタリアにかんする文化人類学的研究、ジェンダー研究、近年は食研究も。著書：『城壁内からみるイタリア』臨川書店（単著2015)、『世界の食文化百科事典』丸善出版（共編2021）他。

河合洋尚　東京都立大学人文社会学部・准教授、博士（社会人類学)。中国広東省や環太平洋の華僑華人社会で、主に景観人類学、フードスケープ（食の景観）論等のフィールドワークを実施。著書：『景観人類学—身体・政治・マテリアリティ』時潮社（編著2016）他。

櫻田涼子　育英短期大学現代コミュニケーション学科・准教授、博士（文学)。マレーシア華人社会と食文化の人類学的研究。現在、料理本やレシピにみる華人女性の調理行動の変化に関心がある。『食をめぐる人類学—飲食実践が紡ぐ社会関係』昭和堂（共編2017）他。

比嘉理麻　沖縄国際大学総合文化学部・准教授。博士（国際政治経済学)。沖縄の食肉産業のフィールドワークを実施。動物の命に関心がある。著書：『沖縄の人とブタ—産業社会における人と動物の民族誌』京都大学学術出版会（単著2015)。

吉田　睦　千葉大学大学院人文科学研究院（文学部)・教授。Ph.D. ロシア（シベリア）先住少数民族の生存に関する文化人類学的研究。『トナカイ牧畜民の食の文化・社会誌—西シベリア・ツンドラ・ネネツの生業と食の比較文化』彩流社（単著2003）他。

大石侑香　神戸大学大学院国際文化学研究科・講師。主な関心：シベリア・北極地域社会の人類学的研究。科学研究費助成事業の課題「肉食性動物のドメスティケーション：毛皮産業近代化における人と動物の関係の変化」(2019年４月－2023年３月）で調査継続中。

寺尾　萌　東京都立大学人文科学研究科・専門研究員。2014年から３年間、モンゴル国オブス県にて宴や儀礼的相互行為に関するフィールドワークを実施。論文：「蒸留乳酒シミンアルヒとモンゴルの接客技法に関する一考察」『社会人類学年報』44（2018）他。

ビル・エザード（Bill Ezzard）米国メイン州の英語教員。ニューヨーク生まれ。1994年から４年間、米国の太平洋諸国平和部隊ボランティアに参加。ミクロネシア連邦チューク州とソロモン諸島ガダルカナルの小学校で、英語・理科・社会の教育を行った。